D1523203

ANDREW MATTHEWS

Escucha a tu corazón

punto de lectura

Título original: *Follow your Heart*
D.R. © Andrew Matthews, 2011 (by Andrew Matthews and Seashell
Publishers. All rights reserved. Published by agreement with Seashell
Publishers).
D.R. © Traducción: Gerardo Hernández Clark

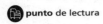 punto de lectura

De esta edición:

    D.R. © Santillana Ediciones Generales, S.A. de C.V.
    Av. Río Mixcoac 274, Colonia Acacias
    CP 03240, México, D.F.
    Teléfono: 54-20-75-30
    www.puntodelectura.com.mx

Primera edición en Punto de Lectura (formato MAXI): junio de 2011

ISBN: 978-607-11-1147-0

    Diseño de cubierta: Antonio Ruano Gómez

Impreso en México

ANDREW MATTHEWS

Escucha a tu corazón

Traducción: Gerardo Hernández Clark

punto de lectura

COMENTARIOS DE LOS LECTORES

Andrew Matthews simplifica lo que solía ser complicado. Permítele ayudarte a encontrar tu propósito en la vida y estudia su nuevo y maravilloso libro, *Escucha a tu corazón.*

DOCTOR KEN BLANCHARD
Autor de *One Minute Manager*

Una vez más, Andrew Matthews ha escrito palabras de sabiduría y maravilla. Escucha a tu corazón: ive a la librería más cercana y compra *Escucha a tu corazón!*

PETER MCWILLIAMS
Coautor de *Do It!* y *You Can't Afford the Luxury of a Negative Thought*

Utilizo los libros de Andrew Matthews para llegar a los clientes que se sienten más desamparados y deprimidos. Con un toque de humor, proporciona las herramientas para que la medicina surta efecto con notables resultados.

LEE M. BROWN, PSICOTERAPEUTA
The California Clinic, Sacramento, E.U.

Un libro poderoso y práctico que te ayudará a *Escuchar a tu corazón* y vivir la vida de tus sueños.

DOCTORA BARBARA DE ANGELIS
Autora del bestseller *Ask Barbara*

EN MEMORIA
de mi padre, Peter,
prueba viviente de que puedes
escuchar a tu corazón y pasártela bien.

DEDICADO
a mi hermosa esposa Julie.
Gracias por tu guía y apoyo ilimitados
y por la alegría que me das.

GRACIAS
a los editores
Vimala Sundram de Capital Communications,
Ayesha Harben de Ayesha Harben and Associates
y a Celia Painter de The Media Works,

a Sharryn Cremer y Greta Connelly por la
composición tipográfica y su ayuda diaria
en la oficina,

a Les Hoffnan, gracias por tus consejos,

y a mi hermana, Jane Thomas, gracias por tu ayuda.

¡La compañía ha decidido reconocer su aportación!

Los diez preceptos

1. Estamos aquí para aprender lecciones, y el mundo es nuestro maestro.

2. El universo no tiene favoritismos.

3. Tu vida es un reflejo exacto de tus creencias.

4. Cuando nos aferramos a las cosas, las personas o el dinero, ¡echamos todo a todo a perder!

5. Todo aquello en lo que te concentras crece.

6. ¡Escucha a tu corazón!

7. Dios no bajará de una nube para decirte: "¡Ahora tienes permiso para triunfar!".

8. Si combates con la vida, ella siempre vencerá.

9. ¿Cómo puedes amar a las personas? Simplemente acéptalas.

10. Tu misión en la vida no es cambiar al mundo: es cambiar tú.

1

ESTAMOS AQUÍ PARA APRENDER LECCIONES, Y EL MUNDO ES NUESTRO MAESTRO

Si no aprendemos una lección,
¡debemos recibirla una y otra vez!
Cuando aprendemos una lección,
avanzamos a la siguiente.
(¡Las lecciones nunca se agotan!)

¿POR QUÉ DEBO PADECER DESGRACIAS? LECCIONES VIVIR Y APRENDER

Puedes tener algo frente a tus narices...

Cuando tenía diez años de edad, mi bien más preciado era la pelota de fútbol: comía con ella, dormía con ella y la limpiaba cada semana... algo que no hacía con mis zapatos. Sabía todo sobre fútbol, pero en cuanto a otras cosas, como de dónde vienen los bebés, tenía ideas muy vagas.

Una tarde, mientras jugaba en la calle, perdí mi preciada pelota. La busqué por todas partes. Creí que alguien la había robado.

Finalmente, vi a una mujer que parecía ocultar algo bajo su abrigo. Caminé resueltamente hacia ella y le dije: "¿Se puede saber por qué tiene mi pelota bajo su ropa?".

Resultó que ella no tenía mi pelota, pero esa tarde aprendí de dónde vienen los bebés y cuál es el aspecto de las mujeres con nueve meses de embarazo.

Más tarde, ese mismo día, encontré mi pelota.

Lo que me pareció más fascinante fue que antes de los diez años, nunca había reparado en las mujeres embarazadas, y después de ese incidente parecían estar en cada esquina.

> SABIDURÍA AL MINUTO
>
> Llegan momentos en la vida en que estamos listos para recibir nueva información. Mientras tanto, podemos tener algo frente a nuestras narices y no notarlo.

¿Por qué debo padecer desgracias?

Las únicas ocasiones en que la mayoría de las personas aprendemos algo, ¡es cuando caemos de espaldas! ¿Por qué? Porque es más fácil no cambiar. Por eso continuamos haciendo lo mismo hasta que chocamos contra un muro de ladrillos.

Por ejemplo, piensa en la salud. ¿En qué momento modificamos nuestra alimentación y empezamos un régimen de ejercicio? Cuando nuestro cuerpo está desmoronándose, cuando el doctor dice: "Si no cambias tu estilo de vida, ¡vas a matarte!". ¡De repente nos sentimos motivados!

En las relaciones, ¿cuándo decimos a nuestra pareja lo mucho que la queremos? ¡Cuando el matrimonio o la familia están desmoronándose!

En la escuela, ¿cuándo nos decidimos a estudiar? Cuando estamos a punto de reprobar. En los negocios, ¿cuándo probamos ideas nuevas y tomamos decisiones drásticas? Cuando no podemos pagar nuestras cuentas. ¿En qué momento aprendemos por fin sobre el servicio al cliente? ¡Cuando los clientes se han ido!

¿En qué momento solemos rezar? ¡Cuando nuestra vida está desmoronándose! "Dios mío, sé que no he hablado contigo desde la última vez que derramé el yogur sobre el ventilador..."

Las lecciones más importantes son las que aprendemos cuando las cosas se ponen difíciles. ¿En qué momento has tomado las decisiones más importantes de tu vida? Cuando estabas por los suelos, luego de las desgracias, los rechazos, las patadas. Es entonces cuando nos decimos: "Estoy harto de estar quebrado, harto de que me traten con la punta del pie. Estoy harto de ser mediocre. Voy a hacer algo". El éxito es digno de celebrarse, pero no nos enseña mucho. El fracaso duele, y es entonces cuando aprendemos. En retrospectiva, vemos que las "desgracias" que vivimos fueron momentos decisivos.

Las personas exitosas no salen a buscar problemas, pero cuando reciben una bofetada, se preguntan: *"¿Qué necesito cambiar de lo que pienso y hago? ¿Cómo puedo ser mejor de lo que soy ahora?"*. Los perdedores ignoran todas las señales de advertencia. Cuando el techo se derrumba, se preguntan: *"¿Por qué todo me pasa a mí?"*.

Somos criaturas de costumbres. Continuamos haciendo lo mismo hasta que nos vemos obligados a cambiar.

ANDREW MATTHEWS

Al abandona a su novia Mary. Desolada, se encierra en su habitación una semana entera. Gradualmente empieza a llamar a sus viejos amigos y a conocer otros. Pronto se muda de casa y cambia de empleo. Al cabo de seis meses se siente más feliz y confiada que nunca, y la "desgracia" de perder a Al se convierte en lo mejor que le ha pasado en la vida.

Fred pierde su empleo. Incapaz de encontrar trabajo, inicia un pequeño negocio. Por primera vez en su vida es su propio jefe y hace lo que en verdad le gusta. Aún tiene problemas, pero su vida cobró un nuevo significado y es más emocionante, todo gracias a una aparente desgracia.

ENTONCES, ¿LA VIDA ES UNA SERIE DE DOLOROSAS TRAGEDIAS?

No necesariamente. El universo siempre está llamando nuestra atención con ligeros codazos. Si los pasamos por alto, utilizará un martillo.

El crecimiento es más doloroso cuando nos resistimos a crecer.

Lecciones

Hay cuestiones que están más allá de nuestra comprensión. Cuando un niño nace con sida, cuando una madre joven es asesinada durante un asalto, cuando un pueblo entero es arrasado por una inundación, no podemos evitar preguntarnos: "¿Por qué?". Parece no haber respuestas para estas preguntas. Pero en otro nivel, en el "nivel de la vida cotidiana", podemos hallar algunas pistas.

¿Has notado que a ciertas personas siempre les pasan las mismas cosas? Louise pierde su empleo cada seis meses, a Frank lo demandan cada año, Jim siempre se intoxica con alimentos durante sus vacaciones.

A ciertas personas no les suceden algunas cosas. A Jim nunca lo despiden, Louise nunca va a la corte y Frank no envía tarjetas postales desde el hospital.

Cada persona recibe lecciones especiales. Es posible reaccionar a esto de tres maneras diferentes. Podemos decir:

- ⊖ **"Mi vida es una serie de lecciones que necesito, en la secuencia perfecta."** (Es el enfoque más sano; garantiza la máxima tranquilidad.)

- ⊖ **"La vida es una lotería, pero saco el mejor partido de lo que se presenta."** (La segunda mejor opción; ofrece una calidad de vida promedio.)

- ⊖ **"¿Por qué me pasa todo lo malo?"** (Garantiza la máxima aflicción y frustración.)

Continuamente enfrentamos lecciones. *Si no las aprendemos, debemos recibirlas una y otra y otra vez.*

Llámalo como quieras, plan divino o desarrollo natural de los acontecimientos, está sucediendo. Te guste o no, está ocurriendo. Asume la responsabilidad o considérate víctima, combátelo o ignóralo, está ocurriendo. Ha ocurrido durante toda tu vida. Cada vez que un vecino te trató mal, un vendedor te timó o un amante te abandonó, había una lección frente a tus narices.

Si nos sentimos desgraciados siete días a la semana, es probable que hayamos pasado por alto una lección. Si una y otra vez perdemos empleos, amantes, dinero... es señal de que no hemos prestado atención. Como dijo una joven: *"¡Tengo los problemas de siempre en pantalones diferentes!".*

Lo peor que podemos decir es: *"¡No es justo!".*

Puedo hacer lo que sea, ¡excepto eso!

Normalmente posponemos nuestras lecciones más importantes. Podemos decir sobre la relación espinosa con nuestra madre: "Después de todas las cosas desagradables que ha dicho, puedo hacer *cualquier cosa* excepto amarla". ¡Cierto! Es probable que en este momento *puedas* hacer cualquier cosa excepto ésa. Por eso es tu lección. ¡Crecer significa entrar en terreno desconocido!

¡MI EX MARIDO ES INSOPORTABLE!

Divorciarnos de alguien no significa que haya concluido nuestra clase con esa persona. Si el matrimonio ha terminado, pero seguimos culpándolas de nuestra desgracia y nuestra hipoteca, ¡seguimos enganchados a ellas! Seguimos vinculados porque hay más que aprender.

"¡Pero ese tipo es un zopenco! ¡Puedo hacer *lo que sea* excepto perdonarlo!" Tal vez perdonarlo *sería* lo más difícil y probablemente no tengas facilidad para hacerlo; por eso recibes la oportunidad de practicarlo. Puedes posponer la clase, pero si quieres que tu vida y tu salud mejoren, algún día deberás tomarla. Si creemos que alguien está arruinando nuestra vida, esa creencia lo convertirá en realidad. Puede parecer que *ellos* bloquean el camino hacia nuestra felicidad. De hecho, nosotros somos quienes lo bloqueamos, porque elegimos cómo vemos a la gente.

MI JEFE ES UN GUSANO. NO ES MI CULPA. ¡ÉL NECESITA DEJAR DE SER UN GUSANO! (ENTONCES, ¿CUÁL ES MI LECCIÓN?)

Mientras sigas pensando que tu jefe es un gusano, seguirá siendo un gusano. Y no hay problema en pensar que lo es. En el momento que decidas cambiar y, por ejemplo, concentrarte en sus virtudes, dejar de juzgarlo o incluso ponerte en sus zapatos, el problema desaparecerá.

"¿Pero cómo?", te preguntarás. Hay mil posibilidades: a) puede responder a tu cambio de actitud y empezar a abrirse, b) puede ser transferido a otro departamento, c) tú puedes encontrar otro empleo, d) él puede encontrar otro empleo, e) puede llegar a simpatizarte. (¡En serio!) ¿Cuántas veces entablamos amistad con personas que al principio no tolerábamos?

Cuando tú cambias, tu situación cambia. Es una ley. No necesitas entender cómo ocurrirá. Tu transformación modifica tus circunstancias. Pero tu cambio debe ser honesto. Puedes decir: "Me resignaré a Fred, pero sigo pensando que es un idiota". Sin embargo, ¡ésa no es una transformación importante de tu parte!

¿Cuánto tardará? El tiempo que tardes en cambiar.

¿Por qué no simplemente busco otro empleo? Puedes hacerlo, pero lo más probable es que termines trabajando para otro gusano. ¡Todo es parte del gran plan de estudios cósmico!

Tal vez si me mudo de ciudad podré empezar de nuevo

¡Falso! *En general, ¡el mejor lugar para empezar de nuevo es justo donde estás!* Por ejemplo, Fred debe dinero a la mitad del vecindario, y piensa: "¡Tal vez debería mudarme!". Pero cuando se muda, llevará sus pensamientos y hábitos con él, y éstos son los que moldean su vida. Fred cambia de ciudad y atrae las mismas situaciones, y otro montón de furiosos acreedores.

Si eres derrochador y te mudas a Argentina, seguirás siendo un derrochador. El mejor consejo para Fred es: *"Antes de mudarte de casa, ¡considera cambiar tu manera de pensar!".*

LAS LECCIONES NOS PERSIGUEN POR TODO EL MUNDO

Para la familia de Jill, "dinero" era una grosería. Sus padres no eran precisamente pobres, pero a ella le avergonzaba pedirlo, ellos no querían compartirlo y toda la familia discutía por él. Jill dejó su casa, se mudó a Barcelona y se casó con un hombre que gana mucho dinero, ¡pero que no le da nada! Cuando bajas del avión, ¡tus lecciones están ahí para recibirte!

SI TAN SÓLO PUDIERA IR AL TÍBET, ENCONTRARÍA EL SIGNIFICADO DE LA VIDA...

A ciertas personas se nos ocurren ideas monumentales acerca de viajar a tierras lejanas para encontrar el significado de la vida. Jim viaja al Himalaya. Un día, sentado en una polvorienta esquina, atormentado por la diarrea y anhelando un baño caliente, una nueva idea lo deslumbra: "¡Tal vez pueda lograr la iluminación en el Ritz Carlton!".

Buscar el significado de la vida en el Tíbet es una idea muy romántica, ¡pero la iluminación en el Tíbet es para los tibetanos! Para la mayoría de nosotros, el significado de la vida está en nuestros barrios residenciales.

Lecciones que tememos

La única manera de vencer el miedo es enfrentarlo. Como siempre atraemos las experiencias que necesitamos para aprender, a menudo atraemos lo que más tememos.

Por tanto, si tienes un temor irracional a endeudarte, lo más seguro es que llegues a conocer esa experiencia a fondo. Si temes la soledad, la atraerás. Si temes quedar en ridículo, caerás de bruces en el piso. Es la manera en que la vida fomenta nuestro crecimiento.

SABIDURÍA AL MINUTO

Cada uno de nosotros es una causa. Nuestros pensamientos atraen y crean situaciones. Si cambiamos, atraemos situaciones distintas. Mientras no aprendamos nuestras lecciones sobre las deudas, el trabajo o el amor, seguiremos: a) atascados en la misma lección, b) recibiendo la misma lección en diferentes envolturas.

La vida es así. Si quiere prevenirnos sobre algo, nos arroja pequeños guijarros. Si ignoramos los guijarros, nos golpea con un ladrillo. Si no tomamos en cuenta el ladrillo, nos saca de combate con una piedra. Si somos honestos, podemos identificar cuándo pasamos por alto las señales de alarma. Y luego tenemos el descaro de preguntar. "¿Por qué a mí?".

Vivir y aprender

"Sólo cuando descendemos al fondo del abismo
podemos recobrar los tesoros de la vida.
Ahí donde tropiezas

> yace tu tesoro.
> La cueva a la que más temes entrar
> resulta ser la fuente
> de lo que buscabas."
>
> JOSEPH CAMPBELL

La vida no tiene que ser dolorosa siempre, pero el dolor es el motivo principal por el que cambiamos. Si no sentimos dolor podemos seguir fingiendo. Nuestro ego dice: "Estoy bien". Cuando la situación es suficientemente dolorosa —por ejemplo, cuando estamos muy solos o asustados—, quedamos desprotegidos. Nuestro ego ya no tiene justificaciones y nos abrimos. El dolor nos incita a tomar las cosas con seriedad.

Siempre es más fácil hablar con filosofía del dolor de los demás. Decimos acerca de Jim: "Quedar en bancarrota fue una buena lección para él". De Mary decimos: "El divorcio la ayudó a valerse por sí misma". Todos estamos de acuerdo en algo: "Los desafíos te hacen más fuerte".

Pero cuando se trata de desafíos propios, no somos tan entusiastas. Decimos: "Señor, ¿por qué esto? ¡Concédeme un desafío *cómodo!*". Por desgracia, los desafíos auténticos no son cómodos.

Si tan sólo la gente que me rodea fuera mejor...

Podemos pensar acerca de nuestra vida: "Si no tuviera que lidiar con mi perezoso marido y estos muchachos escandalosos, podría dedicarme a mi crecimiento personal...". ¡Falso! Ellos son tu crecimiento personal.

Las personas que nos rodean son nuestros maestros. Los maridos que roncan y dejan abiertas las puertas de los armarios, los hijos "malagradecidos", los vecinos que se estacionan frente a la entrada de tu casa... No podemos decir durante mucho tiempo: "¡Yo sería más feliz si esta gente se organizara!".

Si tu esposa te hace enojar, tu misión consiste en manejar eficazmente la ira. Y tienes a la persona perfecta para hacerlo en tu propia casa. ¡Un compañero de prácticas! ¡Qué afortunado!

Tal vez pienses: "¡Me divorciaré de ella! ¡Eso acabará con el problema!". Pero sólo acabará con el problema hasta que te cases con otra persona, la cual también te hará enojar.

> ### SABIDURÍA AL MINUTO
> Todas las personas presentes en tu vida son maestros. Aun si te vuelven loco, te enseñan al mostrarte cuáles son tus límites. El hecho de que sean tus maestros no significa que deban simpatizarte.

Paso a paso

La vida es como una escalera. Para subir debemos resolver el peldaño en que estamos, llámese trabajo, relaciones, dinero o lo que sea. Una vez que está resuelto, avanzamos al siguiente. Las personas abordan los peldaños de distinta manera:

"Odio este peldaño, quiero estar en otro." Aquí es cuando nos quedamos atascados.

"Quiero la escalera de otra persona." A eso se le llama envidia.

"Al demonio con esta escalera. Voy a saltar." A eso se le llama suicidio.

Si estamos atascados debemos preguntarnos: "¿Qué no he resuelto?".

¿Cuándo se simplificará mi vida?

¡Nunca! Pero puedes aprender a manejarla mejor. Cuando te inscribes en el planeta Tierra, te haces acreedor a la "clase de por vida", lo cual significa que *mientras respires, las lecciones continuarán sin pausa.*

Creemos que al salir del nivel pre-escolar, de la escuela primaria, de la pubertad —o que al empezar a tra-bajar— la vida será más sencilla. No es así. ¡Nadie nos lo advirtió! No es de extrañar que nos sintamos frustrados.

Hay personas que, a la distancia, parece que se la pasan en grande, pero tienen sus propios problemas. Bill parece vivir en el paraíso: se retira con una jugosa pensión, su casa está total-mente pagada, tiene un bonito auto, come en restaurantes finos, sale de vacaciones al extranjero, juega un poco de golf. Lo que no sabes es que demandó a su compañía de seguros, su techo

tiene goteras, su hijo es adicto a la cocaína y algún ladrón habrá robado su reproductor de video para mañana a esta hora.

Todos enfrentamos nuevos retos constantemente.

Otra razón por la que la vida no se simplifica...

Cuando las cosas se vuelven demasiado sencillas, buscamos más problemas. Pensamos: "Puedo hacer esto con los ojos cerrados. ¡Necesito un reto!". Cuando la vida se simplifica demasiado, ¡empezamos a formar una familia! Cuando la casa está totalmente pagada, ¡compramos una más grande! El mundo no es el único que nos complica la vida, nosotros también lo hacemos.

Entonces, ¿qué hago para no volverme loco?

Todo depende de tu enfoque.

- ⊖ Nunca te digas: "No puedo relajarme y disfrutar hasta que...". Relájate y disfruta en cualquier situación.
- ⊖ Pregúntate a menudo: "¿Qué estoy aprendiendo de esto?".

La vida nunca se nos da envuelta para regalo. La gente piensa que la felicidad es una especie de oasis lejano, como si gatearan a través del desierto y siguieran una señal que dice: "FELICIDAD". *"Si puedo llegar ALLÁ, entonces seré feliz."* Lo tienen planeado lógicamente: "Ahora no podemos ser felices porque estamos remodelando el baño, pero el próximo mes...". Y el próximo mes, los niños se resfrían, el gato está en celo, los suegros llegan a pasar unos días con ellos. Entonces dicen: "En abril próximo...".

Acerca de dar lecciones a los demás

¿Alguna vez te ha emocionado un libro que acabas de leer? Se lo llevas a un amigo y le dices: "Lee esto. ¡Es fantástico!". Entonces aguantas la respiración y esperas una llamada entusiasta de su parte. ¡Pero nunca llama!

Seis meses después preguntas por tu libro y descubres que: a) nunca lo leyeron, b) lo perdieron. La lección aquí —aplicable tanto a los "consejos de amigos" como a los libros— es que el hecho de que tú estés listo para esa información, no significa que todos lo estén.

SABIDURÍA AL MINUTO
Si la gente no te pide consejos, ¡es porque no los quiere!

¿Qué voy a aprender de esto?

Si reflexionas acerca de lo que ha sido tu vida hasta este momento, tal vez descubras qué te hizo seguir el camino que elegiste. Verás personas regadas por todo tu pasado —maestros, parejas e incluso desconocidos en un vuelo de avión— que te hicieron tomar una u otra dirección. Recordarás un libro que encontraste en una tienda de remates y cambió tu manera de pensar. Recordarás "accidentes" —pérdidas, enfermedades, fracasos y crisis financieras— que te hicieron más fuerte y te enseñaron la compasión. Verás "desgracias" que, en retrospectiva, muy probablemente eran parte de un plan mayor. Tal vez tengas la sensación de haber aprendido una serie de lecciones en el orden correcto. Quizá descubras que una situación llevaba a otra.

Al principio es difícil ver las desgracias en perspectiva. Durante un tiempo nos decimos: "Esto no es parte del guión aprobado. ¡Lo siento, Dios, cometiste un grave error!". Nos toma seis meses entender cómo es que ser despedidos forma parte de un plan.

El universo es un maestro paciente y perseverante. Si obedeces las señales, tu vida se desarrollará sin sobresaltos. Pero si te duermes al volante y te estrellas, atraerás una experiencia importante de aprendizaje: una bancarrota, un divorcio, un ataque cardiaco.

Fred puede responder: "No hay tales planes. A todos nos ocurren toda clase de experiencias". Conforme se extienda su conciencia, reparará en la manera en que se desarrolla su plan de estudios.

¿Y DÓNDE ESTÁN MIS SIGUIENTES LECCIONES?

Normalmente están bajo tus narices. Con frecuencia sabemos exactamente cuáles son, ¡y deseamos que desaparezcan!

2

EL UNIVERSO NO TIENE FAVORITISMOS

Tu éxito y felicidad están sujetos a leyes
y principios naturales, y a la manera en
que los utilices.

La ley de la semilla
Causa y efecto
Cuando mejoras, la dificultad
aumenta
La disciplina
¡Adáptate!

Leyes universales

Los grandes maestros espirituales hablaron en sus relatos acerca de sembrar semillas y acarrear agua. Obviamente, hablaban sobre estaciones, cultivos y peces porque la gente de esa época entendía de agricultura y pesca. Pero hay una razón más profunda. Las leyes de la naturaleza son todo lo que existe. Seas pastor de cabras o programador de computadoras, se aplican las mismas leyes.

ANDREW MATTHEWS

La ley de la semilla

En mi primer libro, *Being Happy!*, escribí acerca de algunas leyes naturales. En este capítulo abundaré sobre esos principios. Comenzaremos con la ley de la semilla.

La lección de la semilla es: *el fruto se recoge después de hacer el trabajo.* Se ara la tierra y se riega la semilla (esfuerzo), se espera un poco (paciencia) y *entonces* se recogen los frutos. Esfuerzo + paciencia = resultados.

A menudo olvidamos este principio. Decimos: "Si planto frijoles hoy, ¿qué obtendré mañana?". Respuesta: "Semillas de frijol mojadas". La ley de la semilla dice: *Si plantas hoy, recogerás frutos ¡MÁS TARDE!* Si plantas frijoles hoy, recogerás frijoles en cuatro meses. Cuando todos cultivaban sus propios alimentos, este concepto se comprendía mejor. Pero vivimos en la era de los fideos instantáneos.

Fred dice: "Si tuviera un empleo decente, trabajaría duro. Pero todo lo que hago es lavar platos. ¡Al diablo entonces!". ¡No, Fred! Si te conviertes en el mejor lavaplatos de la ciudad, alguien reparará en ti, alguien te promoverá, ¡o te sentirás tan bien contigo mismo que algún día emprenderás lo que en realidad quieres hacer!

Primero el esfuerzo, después la recompensa. Es un principio. No se puede invertir el proceso. Mary dice: "Si me promueven dejaré de dormir en el trabajo". Frank dice: "Páguenme más y dejaré de enfermarme". Jane dice: "Si mi matrimonio fuera satisfactorio, sería amable con mi marido".

Las tarjetas de crédito y los catálogos por correo nos dicen: compra ahora, no pagues intereses hasta febrero y queda en bancarrota en marzo. Es jugar con los mismos principios. Ganar ahora y pagar después funciona mejor que comprar ahora y pagar después.

En el jardín hallamos otra lección: si plantas una docena de semillas, no obtienes una docena de plantas. Fred planta sus semillas de frijol. Unas se queman; a otras se las lleva el viento; los bichos dan cuenta de algunas y las aves se llevan tres o cuatro. Fred se queda con dos pequeñas plantas de frijol y dice: "No es justo". Es la vida.

Para encontrar un buen amigo debes empezar con muchos conocidos. Para encontrar el empleado ideal debes entrevistar a 50. Para encontrar unos cuantos clientes regulares debes empezar con cien. Para encontrar el espagueti perfecto debes comer en muchos restaurantes.

A muchas de tus ideas, empleados e incluso amigos se los llevarán el viento o las aves. No es algo que necesites combatir sino entender. Es algo para lo que te preparas.

Causa y efecto

Si tu vida parece atascada, debes analizar qué estás haciendo. No hay nadie que diga: *"Me levanto de madrugada, ejercito mi cuerpo, estudio, cultivo mis relaciones, hago mi mejor esfuerzo en el trabajo... ¡y no ocurre NADA BUENO en mi vida!"*. Tu vida es un sistema de energía. Si no ocurre nada bueno, la culpa es tuya. Cuando reconoces que tus actos determinan tus circunstancias, dejas de ser una víctima.

Tal vez digamos sobre la vida de otra persona: "¿Qué ocurrió con la ley de causa y efecto?". A Ralph le dan un ascenso y preguntamos: "¿Por qué a él?". Los vecinos celebran cuarenta años de feliz matrimonio y decimos: "¿Por qué tienen tanta suerte?". Puede resultar confuso, pero las mismas leyes de causa y efecto nos rigen a todos.

La vida nos da lo que le pedimos. Bruce seduce a las mujeres con diamantes y perfumes. Cuando lo abandonan, se queja de que lo utilizan por su dinero. Si sales a pescar y utilizas diamantes como carnada, ¡atraparás peces que gustan de diamantes! ¿Por qué te sorprendes?

Wendy llega a la ciudad con un vestido escotadísimo, pero le molesta que los hombres sólo la quieran por su cuerpo. ¡Ellos ven su escote a una cuadra de distancia! ¿De qué se extraña?

SABIDURÍA AL MINUTO

Si somos honestos con nosotros, podemos comprobar que hemos contribuido en todo lo que nos ha sucedido en la vida. Que no te importe si la ley de causa y efecto se aplicó a tu vecino. Observa cómo funciona en tu vida: en tus relaciones, éxitos y decepciones. Te sentirás mucho más tranquilo.

Cuando mejoras, la dificultad aumenta

Cuando tenemos éxito en un juego, seguimos con otro más difícil y otro y otro...

Cuando entramos en la escuela, comenzamos en el primer grado. Luego seguimos con el segundo, el tercero y así sucesivamente. Es un sistema eficaz y se basa en este principio: "Cuando mejoras, la dificultad aumenta".

En algún momento perdimos de vista este concepto. Frank lucha para realizar los pagos de su auto. En veinte años de trabajar ha ahorrado exactamente 87 centavos. "Si tuviera un millón de dólares", dice, "¡sabría qué hacer con ellos!" ¡Falso! Tu misión, Frank, es aprender a ahorrar diez dólares. Los cientos son antes que los miles... y desde ahí avanzas al millón.

Candy canta en un bar local y quiere ser una estrella. "Si tuviera un público de mil personas", dice, "daría un espectáculo de verdad. Pero si crees que voy a desperdiciar mi talento con seis perdedores, ¡estás loco!" Cuando Candy aprenda a montar un espectáculo para seis, reunirá a doce, luego cien, y un día congregará a mil.

Jim vende seguros y tiene una pequeña oficina. Tiene una empleada, ¡y está a punto de despedirla! *Si tan sólo tuviera un equipo de doce personas..."* No, Jim, si no funciona con un equipo de dos, nunca funcionará con uno de doce.

La vida es una progresión gradual. La pregunta es: ¿QUÉ ESTÁS HACIENDO CON LO QUE TIENES?". Si la respuesta es: "Poco", nada mejorará.

SABIDURÍA AL MINUTO
El universo recompensa el esfuerzo, no las excusas.

Una cosa conduce a otra

Cuando mi vida me parecía sosa, solía fijarme en las personas que tenían una vida fascinante y me preguntaba: *"¿Cómo es que su vida es tan maravillosa?"*. Descubrí que, en algún momento, se ponían en marcha. Ese modesto inicio conducía a algo más, y esto a algo más.

A veces cometemos el error de ser demasiado selectivos. Podemos rechazar una oferta de trabajo por pensar: *"No es exactamente el empleo que busco"*. Si es todo lo que tienes en el momento, tómalo, domínalo y comprueba cómo te lleva de una cosa a otra. Si no tienes mucho a la mano, empieza con poco. Zambúllete en el agua.

El empresario John McCormack cuenta cómo su amigo Nick obtuvo su primer empleo en Estados Unidos. Nick era inmigrante; no tenía dinero ni hablaba inglés. Un día solicitó el puesto de lavaplatos en un restaurante italiano. Antes de la entrevista con el jefe, Nick entró al baño del restaurante y lo fregó hasta dejarlo limpio. Luego, con un cepillo dental, talló entre cada uno de los azulejos hasta que el baño quedó por completo pulcro. Para cuando Nick se entrevistó con el jefe, éste se preguntaba qué había ocurrido con los baños. Fue la manera en que Nick dijo: "Cuando digo que quiero el empleo, lo digo en serio".

Nick obtuvo el empleo. Una semana después, el ensaladero renunció y Nick estaba a punto de convertirse en chef. Cuando la gente me dice: "No hay empleos", siempre pienso en Nick.

SABIDURÍA AL MINUTO

Empieza donde puedas. Pon tu mejor esfuerzo en todo lo que hagas y las oportunidades empezarán a presentarse. A esto se le llama crear una reputación. A eso se le llama: "Una cosa conduce a otra".

El principio de la rana

Si tomas a una rana inteligente y feliz y la dejas caer en un balde de agua hirviendo, ¿qué hará? ¡Saltar fuera! La rana dirá inmediatamente: "¡Esto no es divertido! ¡Me largo!"

Pero si tomas a la misma rana, o a uno de sus parientes, la dejas caer en un balde de agua fría, colocas éste en la estufa y lo calientas poco a poco, ¿qué pasará entonces? La rana se relajará, y unos minutos después dirá: "Aquí hay una temperatura agradable". Al poco rato tendrás rana cocida.

¿Cuál es la moraleja? La vida se desarrolla gradualmente. Al igual que la rana, nosotros podemos caer en un engaño, ¡y de repente es demasiado tarde! Debemos ser conscientes de lo que ocurre.

PREGUNTA: si mañana despertaras con veinte kilos de más, ¿te preocuparía? ¡Ya lo creo que sí! Llamarías al hospital y dirías: "¡Es una emergencia, estoy obeso!". Pero cuando las cosas suceden gradualmente —un kilo este mes, un kilo el siguiente— tendemos a dejarlas pasar.

Si un día gastas diez dólares de más, no hay mucho problema. Pero si lo haces de nuevo mañana y el día siguiente y el siguiente, terminarás quebrado. Las personas que quiebran, ganan peso o se divorcian, normalmente no lo hacen debido a una gran desgracia. Es un poco hoy y un poco mañana, hasta que un día... ¡bum! Y luego se preguntan: "¿Qué ocurrió?".

La vida procede por acumulación. Una cosa SE SUMA a otra, como las gotas de agua que erosionan las rocas. El principio de la rana indica que vigilemos nuestra dirección. Cada día debemos preguntarnos: "¿A dónde me dirijo? ¿Estoy más en forma, más sano, más feliz, soy más próspero que el año pasado?". Si no, debemos cambiar lo que estamos haciendo.

Esto es lo terrible: la inmovilidad no existe. Si no estás subiendo, estás bajando.

La disciplina

Ten la disciplina para hacer esas pequeñas cosas que no te gustan y podrás dedicar tu vida a las grandes cosas que sí te gustan. 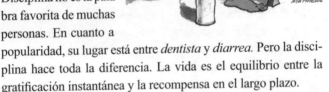 Disciplina no es la palabra favorita de muchas personas. En cuanto a popularidad, su lugar está entre *dentista* y *diarrea*. Pero la disciplina hace toda la diferencia. La vida es el equilibrio entre la gratificación instantánea y la recompensa en el largo plazo.

La disciplina en los pequeños detalles —*estudiar en vez de ver televisión*— produce un resultado importante: *mejores calificaciones*. La disciplina en los pequeños detalles —*tres sesiones semanales en el gimnasio*— produce un resultado importante: *una vida más sana*.

La disciplina en los pequeños detalles —*ahorrar veinte dólares al día en vez de gastarlos en alcohol*— produce un resultado importante: *un departamento propio*.

La clave de la disciplina no es tener voluntad de hierro; es saber POR QUÉ deseas algo. Si sabes en verdad *por qué* quieres salir de deudas, será más sencillo ahorrar. Si sabes con claridad por qué quieres mejorar tus calificaciones, será más fácil estudiar.

Algo más acerca de la disciplina: si eres disciplinado, no necesitas que nadie te discipline. Por tanto, diriges tu propia vida y nadie te dice lo que debes hacer.

Cuando eres indisciplinado, la disciplina se te impone desde fuera. Quienes no saben disciplinarse terminan en empleos donde reciben órdenes. Quienes desconocen totalmente la disciplina, ¡terminan encerrados!

Orden

La primera ley de la expansión es "orden". Para que algo crezca necesita un método.

Observa las flores; corta una naranja; nota la simetría de los árboles y las colmenas. En ellos encontrarás disciplina. La naturaleza conserva lo esencial y desecha lo superfluo. A eso se le llama organización.

Si quieres que tu negocio crezca debes tener un método. Si quieres que tu vida florezca, necesitas darle un orden.

"Mi oficina es un desastre", dice Fred, *"pero un desastre organizado. En realidad, ¡soy muy eficiente!"* ¿Oh, lo dices en serio? Imagino a Fred en camilla y entrando a un quirófano para someterse a una cirugía cerebral. El equipo de médicos está ahí entre pilas de agujas, vendas y viejas botellas. El cirujano dice: "Relájate, Fred. Esto es un desastre, ¡pero todo está bajo control!".

Donde el desempeño sea importante, hay organización. Los bomberos siempre saben dónde están sus cascos. Los conductores de ambulancias tienen un sitio para las llaves del vehículo.

Nada florece en un lugar desastroso. Organiza tus archiveros. Limpia tu cochera.

Notarás algo más. "Como es dentro, así es afuera". Tu entorno refleja tu pensamiento. Si tu casa es un desastre, también lo es tu vida.

Ningún esfuerzo es en vano

Toma un cubo de hielo congelado a menos 50 grados centígrados y caliéntalo. Pasará algún tiempo sin que suceda nada. Mucha energía y ningún resultado visible. De repente, a los cero grados, ¡se derrite y convierte en agua!

Continúa calentando. De nuevo, gran cantidad de energía y nada interesante. Entonces, alrededor de los 100 grados centígrados, ¡hierve, produce burbujas y vapor!

¿El principio? Aunque dediquemos mucha energía a algo —cubos de hielo, proyectos, profesiones— puede parecer que no sucede nada. Sin embargo, la energía produce cambios aunque no puedas verlos. Sigue dedicando energía e inevitablemente verás una transformación. Si tienes presente este principio, no te dejarás llevar por el pánico ni perderás la paciencia.

Me gusta imaginar que mi vida es un juego de *pinball*. Cada vez que realizo un esfuerzo —ordenar mi escritorio, escribir un libro, ayudar a un amigo, dibujar, pagar una cuenta, intentar y fracasar— estoy acumulando puntos. Creo que todos mis esfuerzos se suman a mi "crédito universal". Nunca sé cuantos puntos necesito para mi siguiente recompensa. Disfrutar lo que hago me ayuda más que exigir resultados instantáneos. Y de vez en cuando, normalmente cuando menos lo espero, ¡lotería!: una nueva oportunidad, una invitación, un cheque en el buzón.

Olas

La vida ocurre en oleadas. Conocemos las ondas de sonido, de luz, las ondas cerebrales y las microondas. Para decirlo de manera llana, las olas demuestran que *las cosas tienden a viajar en grupo.*

Esto significa que crisis familiares, bodas y reparaciones del auto rara vez llegan solas. Es bueno tener esto en mente. Cuando llegue un mes sin cuentas por pagar, conviene decir: *"Ahorraré algo para la ola siguiente"*; cuando una ola nos arrastre, conviene decir: *"Ya conozco estas olas; es sólo temporal".*

¡Adáptate!

Vivimos en un mundo en cambio constante. Las estaciones llegan y se van, la marea sube y baja, la inflación aumenta y disminuye, a las personas las contratan y las despiden... Lo lógico sería entender que la ley que rige el universo es el cambio, pero en vez de ello, ¡nos enojamos!

En la clase de biología de secundaria estudiamos la ley de la *selección natural:* la adaptación al cambio. Aprendemos, por ejemplo, que si eres un insecto verde, estás un campo café y no cambias el color de tu piel, estarás en graves problemas. Tal vez pienses: "El campo debería ser verde, antes era verde...". Pero más temprano que tarde, el insecto habrá desaparecido. La ley es implacable: "ADÁPTATE O DESAPARE-

CE". Es una lástima que los maestros de biología nunca dijeran: "PRESTEN ATENCIÓN. ÉSTA ES UNA LECCIÓN DE VIDA. ADÁPTENSE".

En el mundo de los negocios las cosas cambian, y hasta los expertos pueden equivocarse.

En 1927, Harry Warner, de Warner Brothers Pictures, dijo: *"¿A quién diablos le interesa que los actores hablen?"*.

En 1943, Thomas Watson, presidente de IBM, dijo: *"Creo que pueden colocarse en el mercado alrededor de cinco computadoras"*.

En 1977, Ken Olsen, presidente de Digital Equipment Corporation, dijo: *"No hay razón para que un individuo tenga computadora en casa"*.

Lo que es cierto hoy puede no serlo mañana. Lo que funciona hoy puede no funcionar mañana. Lo único invariable es el cambio. Si te vas de casa tres meses, al volver descubrirás que tus hijos cambiaron. De repente, tu bebé te llama "Papá". No es cuestión de justicia o injusticia. Todo está en movimiento.

SABIDURÍA AL MINUTO

Las personas felices no sólo aceptan los cambios, les dan la bienvenida. Son el tipo de gente que dice: "¿Por qué querría que mis próximos cinco años fueran como los cinco anteriores?".

3

TU VIDA ES UN REFLEJO EXACTO DE TUS CREENCIAS

Cuando cambias tus creencias más
arraigadas acerca del mundo, tu vida
cambia en consecuencia.

CREENCIAS
¡EL PROBLEMA ES MI EMPLEO!
GANARSE LA VIDA
¡CONSIÉNTETE!
NO ES LO QUE TE PASA...

Creencias

Cuando la gente habla de sus limitaciones, dice: "No puedo hacer 'X' porque..." La excusa más común es: "Así soy". Pero lo más seguro es que la verdad sea ésta: "Así CREO que soy".

Podemos aprender mucho acerca de nuestras creencias al estudiar a los peces. (El experimento siguiente se realizó en el Instituto de Oceanografía Woods Hole.)

Consigue una pecera y divídela en dos con un cristal transparente. Ahora tienes una especie de dúplex para peces. Consigue también una barracuda —a la que llamaremos Barry— y un mújol. (Las barracudas comen mújoles.) Coloca un pez en cada lado. Al instante, Barry se lanzará por el mújol y, ¡pum!, chocará en seco contra el cristal. Entonces girará y hará un segundo intento. ¡Pum!

Luego de algunas semanas, todo lo que Barry habrá obtenido es una nariz adolorida. Comprenderá que la caza de mújol resulta dolorosa y renunciará a ella. Entonces puedes retirar el cristal. ¿Lo adivinas? Barry permanecerá en su lado de la pecera por el resto de su vida. Morirá de hambre sin quejarse mientras el mújol nada a sólo unos centímetros. Conoce sus límites y no los franqueará.

> "Lo que ocurre siempre se termina creyendo; y la creencia en algo hace que ocurra."
> FRANK LLOYD WRIGHT

"Dices que siempre creo tener la razón, ¡pero en eso te equivocas!"

¿Te parece que la situación de Barry es deplorable? De hecho, es la de todos los seres humanos. Nosotros no chocamos con barreras de cristal; chocamos con maestros, padres y amigos que nos dicen cuál es nuestro sitio y qué podemos hacer. Y peor aún: chocamos con nuestras propias creencias. Las creencias definen nuestro territorio, al cual defendemos y nos resistimos a abandonar.

Barry la Barracuda dice: "Hice mi mejor esfuerzo una vez... Por eso ahora sólo nado en círculos". Nosotros decimos: "Hice mi mejor esfuerzo una vez en mis estudios/matrimonio/empleo...".

Creamos nuestra jaula de cristal y creemos que es la realidad. Pero es sólo lo que *creemos*. ¿Qué tanto se aferra la gente a sus creencias? Si quieres saberlo, ¡sólo inicia una conversación sobre religión o política en cualquier reunión!

Pero sé que tengo la razón

¿No es curioso? Todos tenemos creencias ligeramente distintas acerca del mundo y todos *sabemos* que lo que creemos es lo correcto.

¿Por qué? ¡Porque *estamos* en lo correcto! Fred cree que la vida es dura y que debe trabajar 70 horas a la semana para sobrevivir. Al revisar la sección de avisos del periódico, encuentra una oferta de empleo en el barrio aledaño: "horario flexible, oportunidades de viaje, se ofrece auto de la compañía, salario competitivo". "Demasiado bueno para ser verdad", piensa Fred. "Debe ser un fraude." Fred sigue buscando y encuentra otro aviso. Esta vez el empleo está a dos horas de su casa. "No se ofrece auto, horario prolongado, salario bajo." "Parece interesante", piensa Fred.

Cuando acude a la entrevista, el patrón dice: "Nuestros productos son un asco, nuestros clientes nos odian y el dueño es un malandrín. Si quiere trabajar aquí, ¡está loco!". Y Fred responde: "¿Cuándo puedo empezar?".

Fred demuestra que su teoría de la vida es correcta: él es un desastre, pero al menos eso lo hace feliz.

Mientras crecemos, maestros, padres y amigos nos dicen cosas como: "Eres un desastre para las matemáticas, cantas como un pato y no podrías dibujar ni aunque tu vida dependiera de ello". O bien: "La vida es dura, siempre estarás quebrado, es culpa del gobierno... *Éste es tu guión. ¡Ahora vívelo!*". Y nosotros lo hacemos, como si se tratara de una obra de teatro. Lo creemos aun cuando arruina nuestra vida.

Si sugerimos a Fred disentir de algo que ha aceptado a lo largo de 40 años, es muy probable que se moleste: "He sido un desastre durante 40 años con este sistema de creencias, ¿y ahora quieres que renuncie a él y admita que he contribuido a crear este caos?".

Casi todos preferimos tener razón que ser felices.

¿Cuál es mi historia?

La mayoría tenemos una "historia", nos etiquetamos: "Soy maestro de escuela, soy abuela, soy un individuo de la Nueva Era". Nuestra "historia" es como un *software* que llevamos entre las orejas y controla nuestra vida. Es la propia "descripción de producto". La llevamos al trabajo y cuando salimos de viaje. En las fiestas nos extendemos hablando de ella: "Estoy divorciado, sufrí abuso infantil, sigo un sendero espiritual". Pasamos la vida tratando de encajar en la historia. Compramos la ropa y elegimos los amigos que encajan en la historia.

Jim es médico y piensa: "Debo actuar como doctor y hablar como doctor. Necesito vivir en una calle que parezca de doctores y un pasatiempo de doctor". Tiene su papel perfectamente definido, pero el pobre Jim es más insípido que una galleta para perro.

Si tratamos de adecuarnos a esta "historia" nos sentiremos miserables. Si digo: "Soy maestro de escuela", cuando pierda mi empleo no sabré quién soy. Si digo: "Soy el anfitrión perfecto", estoy camino de la desgracia porque no existe la velada perfecta. Si los vecinos vienen a cenar y se queman las zanahorias, me sentiré desolado.

Pero he aquí la verdad: TÚ NO ERES TU HISTORIA Y, A FIN DE CUENTAS, A NADIE LE INTERESA. Tu lugar no está en una categoría ni en una caja. Eres un ser humano que vive *una serie de experiencias.* Si dejas de arrastrar una historia, no tendrás que "comportarte a la altura".

Mientras escribo pienso en mis amigos suecos Anna y Per-Erik. A sus 80 años aún viajan por todo el mundo. Per-Erik se desliza en los patines de su nieto y navega en Internet. Anna disfruta bailar hasta las cuatro de la mañana. Por lo que parece, ellos no tienen historia, tienen espíritu.

¿Te resultan familiares las siguientes *historias?*

"SOY UNA PERSONA MUY IMPORTANTE. TODOS DEBEN TRATARME COMO CORRESPONDE." Hay quienes esperan que los demás sepan quiénes son, cuán ricos son y cuántos títulos universitarios ostentan. Si anhelas que los demás te consideren importante, sufrirás porque tu felicidad está en sus manos. Olvídate de "ser importante"; es demasiado estresante. Tan pronto abandones la necesidad de "ser importante", podrás descansar. Mientras menos esperes el aprecio de otras personas, más lo obtendrás.

"YO NUNCA... (viajo en primera clase, nado desnudo, voy al teatro, uso esmoquin, como sashimi)." Cuando nos decimos "yo nunca" o "yo siempre", nos metemos en camisa de fuerza, pero quien habla es nuestra historia. Tenemos otras, como: "Soy muy sensible, me irrito con facilidad", "Soy un hombre de verdad", "Soy Sagitario, por eso siempre...".

"SOY DEMASIADO VIEJO PARA..." Mi madre comenzó a escribir su primer libro a los 67 años y murió a los 68 sin concluirlo. Pero lo inició y gracias a ello fue más feliz. Sólo hay una manera de vivir: seguir aprendiendo y amando lo que haces hasta el último minuto. Si escribieras medio libro, construyeras media casa o establecieras medio negocio, y entonces te atropellara un autobús, ¿aún te sentirías mal?

ENTONCES, ¿QUÉ CREENCIAS DEBO DE RECHAZAR?

¡Las que hacen que sigas siendo pobre y desgraciado! Si tus creencias no te ayudan, ¡deséchalas! No digo que estén equivocadas, sólo que te están haciendo daño. Empieza por cuidarte de las creencias que incluyan la palabra "debería":

> ¡La gente DEBERÍA devolver los favores!
>
> ¡La gente DEBERÍA elogiarme! Si hago un buen trabajo, mi esposo debería notarlo.
>
> ¡La gente DEBERÍA corresponder a mi cariño!
>
> ¡La gente DEBERÍA ser más considerada!
>
> ¡La gente DEBERÍA ser agradecida!

Estos "deberías" podrían parecer expectativas razonables, pero, ¿qué pasaría si no albergaras estas creencias, si los demás no tuvieran que coincidir contigo, devolverte favores, valorar tus esfuerzos, corresponder a tu amor? ¿Cómo influiría esto en tu vida? El respeto y aprecio hacia ti sería el mismo y te sentirías feliz aun si la gente no los manifestara.

Las creencias de esta clase no nos ayudan porque la realidad no entiende los "deberías". Las cosas son como son. Si criticas a la realidad, ella ganará.

TUS CREENCIAS DETERMINAN TU CALIDAD DE VIDA

Por ejemplo, digamos que crees que los padres deben elogiar a sus hijos y darles montones de regalos. Si tus padres no actúan así, te molestas. Y deseas *cambiar a Papá.* Casi nadie considera la solución alterna: *cambiar sus propias creencias.*

"Pero todos creen lo mismo, ¿no?"

¡No! Algunas personas no piensan así y son más felices por ello. Algunas personas *no esperan* que los demás se comporten de cierta manera. Como resultado, tienen mayor tranquilidad.

Para ver las cosas de otra manera no necesitas fuerza de voluntad, confianza o cirugía cerebral. Sólo requieres el valor de pensar en algo novedoso. La próxima vez que te sientas molesto, recuerda que la causa no está en las personas que te hicieron enojar sino en tus creencias. Sean cuales sean los pensamientos que te provoquen dolor, son sólo pensamientos. Y puedes cambiar tus pensamientos.

¡El problema es mi empleo!

Solemos culpar a nuestro empleo pero en realidad nosotros somos el problema. Digamos que tu trabajo es un fastidio y tu creencia correspondiente dice: "El trabajo es una lata". Si solicitas un trabajo que podría resultar divertido, ¿qué ocurrirá? a) No te lo darán porque considerarán que no eres divertido, o b) te lo darán y te las arreglarás para hacerlo aburrido.

Imaginemos que piensas lo contrario, que "El trabajo es divertido". Si tienes un empleo sin futuro y aburrido, llegará un momento en que te dirás: "Esto es degradante para mi espíritu y contrario a todas mis creencias. No puedo permanecer aquí un día más". Tus creencias más elementales te conducirán con toda seguridad a algo mejor.

Lo que marca la diferencia no es tu empleo sino lo que *crees* acerca de él.

Ganarse la vida
¡Es que no gano suficiente dinero!

"Pero no entiendes", dice Mary. *"No es mi sistema de creencias. Es mi empleo.* No gano suficiente en mi empleo." Entonces,

Mary, ¿por qué estás trabajando ahí? "Es lo único que puedo hacer", responde ella. (Está bien, Mary, si eso es lo que *crees)*. Cambia lo que *crees* y conseguirás un nuevo empleo, iniciarás un negocio de medio tiempo, arreglarás tu situación financiera, adquirirás nuevos conocimientos u obtendrás una promoción.

"Pero la situación laboral es difícil. Lo leí en el periódico." Eso es lo que *crees*, Mary. ¿Qué ocurriría si no creyeras en el periódico?

La prosperidad requiere que seas dueño de tus pensamientos sin importar lo que opinen los vecinos o el periódico.

Pero mi salario es fijo...

Con salario o sin él, tus creencias determinan tu prosperidad. Si estudiamos a ocho personas que trabajan en la misma empresa y reciben el mismo salario, comprobaremos que algunas tienen activos y viven bien, y otras necesitan un préstamo bancario para comprar un sándwich. La diferencia no es la cantidad de dinero que ganan sino lo que creen acerca del dinero.

Si no tengo el dinero que deseo, o estoy perdiéndolo, es por una buena razón, y dicha razón no está en el mundo exterior sino en mi mundo interior.

Quienes ganan la lotería ilustran claramente cómo los sistemas de creencias controlan la prosperidad. Estas personas creen que el dinero resolverá sus problemas. Sin embargo, al cabo de unos años la mayoría adquiere más deudas que las que tenía antes de recibir su premio. ¿A qué se debe esto? A que un sistema de creencias que dice: "Siempre estoy quebrado", es capaz de acabar con un millón de dólares en un instante.

Hace poco vi en Brisbane, Australia, un programa de televisión en el cual aparecía un individuo que había ganado la lotería por segunda vez. Durante la entrevista dijo: "Los 1.3 millo-

nes me caen de perlas, porque estoy viviendo de la beneficencia...". ¡Y había ganado la lotería dos años atrás!

Tu saldo bancario refleja tu sistema de creencias. Cuando tu imagen propia no va de acuerdo con tu saldo, resulta más fácil cambiar tu saldo. Como ves, lo que rige nuestras vidas no son las circunstancias externas sino los pensamientos.

Las ventajas de estar quebrados

Quienes se preguntan por qué están quebrados nunca plantean la pregunta obvia: "¿Qué me gusta de estar quebrado?". Estar quebrado tiene sus ventajas. Por ejemplo:

⊖ "Me siento como un santo... Dios me amará: bienaventurados los pobres..."

⊖ "Sigo siendo parte del grupo. Si continúo siendo pobre, no me sentiré culpable en compañía de mis amigos."

⊖ "Me tendrán compasión."

⊖ "No tendré que ser disciplinado."

⊖ "No tendré que cambiar mis hábitos."

⊖ Y lo mejor de todo: "Podré *culpar* a las demás personas y al gobierno".

Si somos honestos, reconoceremos que estar quebrados nos beneficia. No muchas personas admiten que su pobreza es una elección, pero la lista anterior resulta muy persuasiva, ¿cierto? Todo lo que hacemos tiene una recompensa, incluso la pobreza.

Las creencias de nuestros padres respecto del dinero

¿Tus padres solían decir cosas como las siguientes?

⊖ "Es fácil ganar dinero."

⊖ "Siempre tenemos más de lo que necesitamos."

⊖ "Tan pronto gastamos dinero, recibimos más."

O decían cosas como:

⊖ "El dinero es la raíz de todos los males."

⊖ "No podemos comprarlo."

⊖ "El dinero no se da en los árboles."

Si la segunda lista te resulta más conocida, es probable que el sistema de creencias de tus padres se haya convertido en tu realidad. Su lucha se convirtió en tu lucha.

Siéntete a gusto con el dinero

Para la mayoría de las personas, el dinero es un tema más embarazoso que el sexo.

¿Has notado cuán difícil es dar dinero a ciertos individuos? ¡Se ponen como locos! "No, en serio, no lo necesito." ¡Aun cuando sabemos que viven a pan y agua! Son otros; se sienten avergonzados, insultados: "No necesito tu dinero; estoy bien".

Algunos tenemos dificultades incluso para hablar de dinero. Prestamos a un amigo el dinero de nuestros gastos y cuando necesitamos recuperarlo, no sabemos cómo pedirlo: "Ah, bueno, yo... recuerdas... este... no es nada importante, y no es que lo necesite... No importa si no... ¿Cómo decirlo?... Sólo me preguntaba si...". En vez de preguntar de manera amable: "¿Puedes devolverme mi dinero?"

Si te sientes incómodo en un empleo o en una relación, tarde o temprano te apartarás de ella. Si te sientes incómodo con el dinero —si te pone nervioso simplemente hablar de él, si te fastidia— también te apartarás de él. No es que lo hagamos conscientemente; si algo nos molesta, lo evitamos de manera inconsciente.

SABIDURÍA AL MINUTO

Para obtener y conservar algo en tu vida debes sentirte a gusto con ello.
PARA GANAR DINERO Y CONSERVARLO, ¡DEBES SENTIRTE A GUSTO CON ÉL!

Si tengo mucho, a otros les faltará

Ésta es la creencia más tonta de todas. Muchos crecimos con esta creencia: "Si soy próspero, otras personas sufrirán". ¿Sabes quiénes propagan esa idea? ¡Las personas que no prosperan!

Si Santa Claus pasara por tu sala de estar y dejara un millón de dólares en efectivo sobre la mesita de té, ¿ese dinero permanecería ahí? ¡No! A menos que lo escondieras bajo tu almohada, puedes apostar a que el vendedor de autos vería una parte, tu agente de viajes vería otra, igual que los dueños de restaurantes, florerías, boutiques y probablemente el recaudador de impuestos. Todos se beneficiarían de él. No obstante, muchos crecemos creyendo que ser prósperos es malo porque privaríamos a otras personas. ¡Eso es una locura!

La prosperidad no tiene por qué lastimar a los demás; puede favorecerlos.

¡Consiéntete!

> "La vida es curiosa. Si rehúsas conformarte con menos que lo mejor, con frecuencia lo obtienes."
>
> W. SOMERSET MAUGHAM

Para que el mundo te trate bien, tú debes tratarte bien. ¿Cómo podrías sentirte dueño del mundo si tus zapatos tienen agujeros?

"No importa si mis zapatos tienen agujeros", dice Fred, "porque nadie puede verlos." Pero he aquí el meollo, Fred: tú lo sabes y tu cuerpo lo siente. Tú eres el único que puede hacerte sentir especial. Si no tienes dignidad, nadie podrá dártela.

Nuestra casa influye en cómo sentirnos. Acondiciona un espacio que te anime tan pronto entres. Asegúrate de que tu hogar refleje tu personalidad. Establece un acuerdo con tu casero: él comprará los materiales y tú pintarás el apartamento.

La pulcritud no cuesta nada. Es mejor vivir en un apartamento con una recámara limpia que en una mansión sucia. Cierta mujer preguntó a mi esposa Julie: "¿Qué puedo hacer con un presupuesto de veinte dólares para decoración?" Julie contestó: "¡Compre una escoba!".

Disfruta lo que tienes

¿Cuántos solemos guardar la fruta en tazones de plástico maltratados mientras nuestras hermosas fuentes de cristal permanecen arrumbadas en la despensa? Un día morimos y dejamos toda la cristalería a nuestros hijos, ¡para que ellos la hagan pedazos! Yo digo: si tienes algo hermoso, ¡hazlo pedazos tú!

Conozco a un hombre que quería preservar el valor de reventa de su Volvo nuevo, para lo cual protegía los asientos con cubiertas hechas de sábanas viejas. Muy práctico, ¡salvo porque parecía que viajaba en una canasta de lavandería!

Julie me enseña mucho acerca de este tema. Su filosofía es: "Consiéntete, nutre tu cuerpo, mantén una casa limpia y te sentirás bendecido por la vida". En sus palabras: *"Todo influye en todo lo demás. Tu manera de caminar influye en tu manera de hablar. Tu manera de vestir influye en tu manera de sentir. El cuidado que tengas de ti lo tendrás también para los demás".* Ella es la única persona que conozco que usa hombreras en sus piyamas. Piyamas de seda, por supuesto.

Consiéntete un poco. Tal vez te preguntes: "¿Qué tiene que ver mi bienestar con que alcance mis metas en la vida?". ¡Todo! Si sentimos que somos prósperos, atraemos prosperidad.

"Cuando sea exitoso", dice Fred, "dejaré de vivir como una rata." ¡Error! Para ser exitoso debes empezar por vivir el éxito, debes sentirlo ahora.

> SABIDURÍA AL MINUTO
>
> La prosperidad no es necesariamente un asunto monetario. Es un estilo de vida.

No es lo que te ocurre, es cómo lo interpretas

Según las leyendas, los alquimistas de la Edad Media eran personas que convertían plomo en oro. Bonito trabajo, ¡si logras hacerlo! En cierto sentido, todos necesitamos ser alquimistas: ver más allá de las apariencias. Nuestro reto diario es vivir situaciones aparentemente desafortunadas —planes que no se cumplen, accidentes automovilísticos, divorcios, meseros patanes— y transformar esas situaciones en golpes de suerte.

¿Significa esto que debemos anhelar una pierna fracturada? No, pero si te fracturas, busca una oportunidad en esa "tragedia".

Pregúntate: "¿Cuál es la ventaja de esto?".

Esto te favorece en distintos niveles:

⊖ Te sientes más agradecido por lo que te da la vida
⊖ Te sientes más tranquilo

⊖ Ahora viajas en el autobús de la vida, ¡en vez de tratar de empujarlo!

Los cínicos dirán: "Eso es ingenuidad". Falso. Cuando dejes de reaccionar con horror a lo inesperado, te sentirás más equilibrado y te encontrarás en una posición de poder.

MIENTRAS SIGAS PENSANDO QUE EN TU VIDA OCURREN DESGRACIAS, TU VIDA SERÁ UNA DESGRACIA

Por ejemplo: acabas de divorciarte y crees que tu vida está en ruinas. Mientras sigas creyéndolo, así será. O bien: te despiden a tus 50 años de edad y crees que tus mejores momentos se han ido. Mientras sigas creyéndolo, así será.

¿Significa esto que mientras tengas una actitud negativa tu vida no mejorará? Sí, pero no sólo eso: si no ves más que desgracias, seguirás atrayéndolas. Tus parejas seguirán decepcionándote, tus jefes seguirán molestando, los accidentes seguirán ocurriendo y tus caseros seguirán echándote a la calle. Será una espiral descendente. LOS SUCESOS SE DESARROLLARÁN DE ACUERDO CON TUS EXPECTATIVAS.

Tan pronto cambias tus *creencias* acerca de la situación, tus nuevos pensamientos atraen *nuevas personas y oportunidades.*

> SABIDURÍA AL MINUTO
>
> Todas las "desgracias" que ocurren en tu vida, más que desgracias, son oportunidades para cambiar tu forma de pensar. "¿Pero eso incluye MI enfermedad, MIS cuentas por pagar y a MI marido alcohólico?" Definitivamente, sí.

¡La vida no debería ser tan divertida!

Cierta vez, una mujer me dijo: "Nunca en mi vida he hecho nada que yo haya querido hacer". Fue como si dijera: "Me he sacrificado, soy una mártir". Y yo pensé: "¡Qué triste!".

¡La vida debe ser divertida! Las aves se despiertan cantado todos los días. Los bebés ríen sin razón alguna. Observa a los delfines. Observa a los perros jugar con las olas del mar. ¿Quién dijo que la vida es aburrida? Nuestro universo es juguetón. Si heredaste la idea de que la vida no debe ser divertida, date cuenta de lo que eso significa: es sólo una creencia que puedes *descreer.*

Date tiempo para hacer cosas por el simple hecho de que son divertidas. El trabajo de sol a sol confirma la idea de que "hay que luchar en la vida". Sé paciente contigo. Disfrutar la vida también requiere de práctica. ¿La vida te sonríe y una vocecita te dice: *"¡Esto no durará!"* Respóndete: *"Quizá todo está a punto de mejorar"*.

4

Cuando nos aferramos a las cosas, a las personas o al dinero, ¡echamos todo a perder!

El reto de la vida consiste en valorar todo
y no apegarse a nada.

AFERRARSE
AFERRARSE AL DINERO
DAR
AFERRARSE A UN AMOR

Aferrarse

Si persigues algo, nunca lo alcanzarás. Así es con los animales, las parejas... ¡e incluso el dinero! ¿Alguna vez te ha pasado esto? Conoces en una fiesta a alguien bien parecido que te dice: "Te llamaré la próxima semana". Y durante esa semana, no vas a ninguna parte, ¡ni siquiera al baño! Te sientas junto al teléfono... y esperas. ¿Quién llama? Todos, menos esa persona.

¿Alguna vez has necesitado vender algo urgentemente? Un auto, una casa. ¿Quién lo quiso? Nadie, así que bajaste el precio. ¿A quién le importó? A nadie. ¿El principio? *Cuando estás desesperado, ¡nada ocurre!*

Pregunta a cualquier vendedor, ya sea que venda aviones o detergente para ropa, y te dirá exactamente lo mismo. La desesperación te jala hacia una espiral descendente, y mientras más te preocupas, ¡menos te compran! ¿Qué ocurre cuando estás en un restaurante y necesitas comer rápido? Extravían tu orden.

Los aeropuertos me enseñan mucho sobre la ley del apego. He realizado decenas de giras de promoción por todo el mundo. Estos viajes suelen tomar de seis a cuatro meses. Hasta hace poco, mi esposa Julie dirigía su propio negocio y yo casi siempre viajaba solo.

"Puede ocurrir que te esfuerces de más... Debes cantar como si no necesitaras el dinero, amar como si no fueras a sufrir, bailar como si nadie te viera... Para que funcione debe salir del corazón."[1]

Descubrí que de 100 vuelos que tomaba, 99 llegaban más o menos a tiempo. Pero el vuelo de regreso a casa, el que yo ansiaba desesperadamente para ver a Julie, ¡siempre se retrasaba cuatro horas!

Al final de mi última gira de promoción a Estados Unidos, mi esposa y yo decidimos encontrarnos en San Francisco. Cuando ella llegó de Australia yo seguía en Portland. Estaba tan acostumbrado a esas demoras que me acerqué a un mostrador y pregunté al empleado: "¿Qué retraso tiene el vuelo de las seis a San Francisco?". Él me respondió: "¡No está retrasado!".

"¿No está retrasado?" No cabía en mí de felicidad. Estuve a punto de saltar sobre el mostrador y abrazarlo, pero agregó: "¿Quiere saber por qué no está retrasado? ¡Porque se canceló!" A las 10:30 pm conseguí un boleto para volar a San José, tomé un autobús a San Francisco y llegué al hotel de Julie a las cuatro de la mañana. ¡Siete horas tarde!

Cuando nos aferramos emocionalmente a una transacción o acontecimiento, lo entorpecemos. ¿El complemento del principio? Relájate un poco, *y aquello que deseas ocurrirá.*

Has pasado año y medio sin novia o novio y estás desesperado. Entonces te das por vencido y piensas: "No necesito una pareja. Puedo ser feliz solo". Y de repente, ¡los candidatos salen de todas partes!

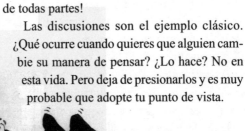

Las discusiones son el ejemplo clásico. ¿Qué ocurre cuando quieres que alguien cambie su manera de pensar? ¿Lo hace? No en esta vida. Pero deja de presionarlos y es muy probable que adopte tu punto de vista.

Siempre que deseas algo desesperadamente —una llamada telefónica, que tu esposo deje de fumar, una promoción en el trabajo, que tu jefe te valore— creas una energía que lo aleja.

Desapego vs. desinterés

Desapego no es lo mismo que desinterés. Es posible mostrar desapego y decisión al mismo tiempo. Quienes actúan con desapego *y* decisión saben que *el esfuerzo y la excelencia siempre reciben recompensa.* *"Si no gano esta vez"*, piensan, *"ganaré la siguiente, o la siguiente"*.

Imagina que solicitas un empleo en Haywire Hardware. El puesto te emociona y te preparas a conciencia. Escribes tu discurso para la entrevista y lo practicas frente al espejo del baño. Incluso compras zapatos nuevos y te cortas el cabello. Llegas temprano a la entrevista y haces tu mejor esfuerzo.

¿Qué ocurre a continuación? Vuelves a casa y sigues con tu vida. Te inscribes en un nuevo curso. Planeas tu siguiente solicitud de empleo. Si Haywire te contrata, te sientes feliz. Si no, sigues avanzando.

Las personas desinteresadas dicen: *"¿A quién le importa y para qué preocuparse?"*. Las persona desesperadas dicen: *"Si no obtengo esto, ¡moriré!"*. Si actúas con decisión y desapego, dirás: *"De una manera u otra obtendré un buen empleo, y no importa cuánto tarde"*.

Aferrarse al dinero

"Las únicas personas que piensan más en el dinero que los ricos son los pobres."

Oscar Wilde

El aferramiento, al que los budistas llaman "apego", explica por qué muchas personas se esfuerzan en ganar dinero. Debido a que el dinero es un medio de supervivencia y un símbolo de éxito, la mayoría nos aferramos a él, incluso quienes afirmamos que no es importante. Por desgracia, nuestra desesperación por conseguirlo complica todo.

Dicho de otra manera: mientras más emocional seas con respecto a las cosas, menos control tendrás. La mayoría de las personas son muy emocionales con respecto al dinero; por eso no tienen control.

El desapego es una de las razones por las que personas adineradas ganan más y más dinero: no les preocupa tanto, no se desesperan. Si no tienes dinero, debes relajarte lo bastante para saber que lo obtendrás. Cuando lo tengas, deberás sentirte lo bastante cómodo con él para ahorrar una parte y saber que hay más en camino. Hay una gran diferencia entre la actitud de un individuo pobre —que *ansía* tener dinero— y la de uno adinerado —que *sabe* que lo obtendrá.

¿CÓMO EVITO LA DESESPERACIÓN CUANDO ESTOY DESEPERADO?

¿Qué es exactamente lo que haces? Es una actitud. No caigas en la trampa de pensar: *"Necesito 'X' para ser feliz"*.

En general, si estás vendiendo tu computadora, esperando una llamada telefónica, deseando una promoción, tratando de hacer un hoyo en golf, esperando un cheque por correo o buscando marido, ¡relájate! Haz *todo lo que puedas* para que ocurra, y luego piensa: "No *necesito* esto para ser feliz". Olvídalo, sigue adelante, y la mayoría de las veces los resultados se producirán.

> ### Sabiduría al minuto
>
> Los planos mental y físico se rigen por leyes naturales. ¡La naturaleza no comprende la desesperación! Ella busca el equilibrio, y es imposible estar desesperado y equilibrado al mismo tiempo. La vida no tiene que ser una batalla sin tregua. Deja que las cosas fluyan. Esto no es indiferencia; es no forzar las cosas.
> Tal vez pienses: "¡No entiendo cómo funciona esto!" Tampoco tienes que entender la fuerza de gravedad. Nuestro reto consiste en trabajar con esos principios, no en comprenderlos.

Dar

Si deseas algo, ¡dalo primero! ¿Te parece una locura? Cuando das un poco de lo que tienes, recibes más de lo que quieres. Cuando un agricultor quiere más semillas, toma las que tiene y las da a la tierra. Cuando quieras una sonrisa, da la tuya. Cuando quieras afecto, da afecto. Cuando ayudes a las personas, ellas te ayudarán. ¿Y si quieres una bofetada? Abofetea a alguien. ¿Y si quieres que te den dinero? Comparte un poco del tuyo.

Piénsalo. Si el apego impide que las cosas buenas fluyan a tu vida, debes practicar el desapego hasta el punto de dar un poco de lo que valoras. Lo que das tiende a volver a ti.

Varias personas me han dicho: "He dado toda mi vida y nada ha regresado a mí". No creo que hayan dado; creo que *acopiaron*.

¿Y QUÉ HAY DE ESOS VIEJOS AVAROS QUE NUNCA DIERON NADA?

¿Cuántas veces has escuchado esta historia? "Un viejo avaro y cicatero, que vivía a pan y agua, murió con un millón de dólares guardados bajo el colchón." La pregunta es inevitable: "Si hay que dar para recibir, ¿qué ocurrió aquí?".

El saldo de tu cuenta bancaria no determina el valor de tu riqueza. La riqueza es todo lo que va y viene por tu vida. La prosperidad es un flujo: dar y recibir. Si tienes una fortuna en cuentas bancarias en Suiza, y no la estás usando, no te está enriqueciendo. Técnicamente es tuya, pero en realidad no recibes nada de ella. No te da abundancia y bien podría pertenecer a otro. Así, el principio de dar y recibir se mantiene, incluso ahí.

SABIDURÍA AL MINUTO

El secreto de dar consiste en hacerlo sin esperar nada a cambio. Si esperas una retribución te aferras a un resultado. Y cuando estás aferrado, es poco lo que obtienes.

¿Debemos disfrutar nuestras posesiones materiales? ¡Por supuesto! Sólo asegúrate de que tú seas su dueño y no al revés.

Aferrarse a un amor

> "El origen del dolor es el deseo."
>
> BUDA

Mary está desesperada por encontrar a un hombre que la ame y adore. ¿Hay esperanza de que lo encuentre? No mucha. En primer lugar, su desesperación alejará a todos los hombres; en segundo, no favorece su atractivo.

Fred dice a su novia: "Te necesito. No puedo vivir sin ti". Pero eso no es amor, es ansia. Es imposible necesitar desesperadamente a alguien y amarlo al mismo tiempo. (Y si literalmente no puedes vivir sin alguien, ¡eres un auténtico desastre! ¿Quién quiere vivir así?)

Amar significa dar a las personas la libertad de ser quienes quieren ser y estar donde quieren estar. Amar es permitir a las personas ser parte de tu vida si así lo desean. Es también desapego: para tener algo o a alguien, déjalo ir.

Aferrarse y odiar

"Mientras no aceptemos algo no podremos cambiarlo."

CARL JUNG

Odiar es una mala idea. Cuando odias algo permaneces conectado a ello y lo perpetúas.

EJEMPLO: imagina que estás endeudado y que odias estarlo. Ésa es una situación adversa para mejorar tu situación económica. Gastas tanta energía en odiar que quedas estancado y exhausto. Una vez que aceptas tu deuda y te liberas del torbellino emocional, puedes salir de ella. Aceptar no significa "renunciar"; significa comprender lo que es.

EJEMPLO: mientras no aceptes que tienes sobrepeso: a) negarás que estás obeso, o bien b) te odiarás por estar obeso. En cualquier caso permanecerás obeso. Sólo cuando aceptes que tienes sobrepeso podrás perder peso.

A esto se refiere la Biblia cuando dice: "No te resistas al mal". Enojarse o luchar no funciona. Para liberarte de lo que no te gusta debes aceptarlo —no resistirlo— y remplazarlo con algo positivo.

5

TODO AQUELLO EN LO QUE TE CONCENTRAS CRECE

Por tanto, ¡piensa en lo que quieres!

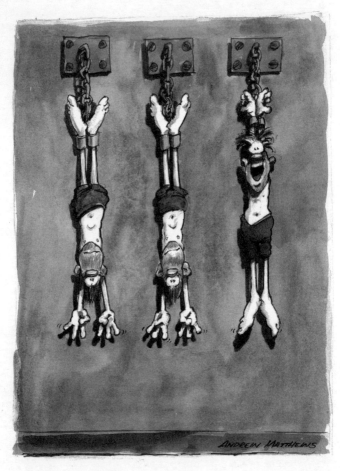

¡A veces me pregunto por qué seré tan afortunado!

¿POR QUÉ PENSAR POSITIVAMENTE?
CÓMO OPERA EL PENSAMIENTO POSITIVO EN EL SUBCONSCIENTE
EL PENSAMIENTO COSECHA RESULTADOS

5

¿Por qué pensar positivamente?

Imagina que vas en un jumbo sobrevolando alguna parte de Europa cuando de repente uno de los motores se desprende del ala. ¿Cómo desearías que reaccionara el piloto? ¿Quisieras que dijera: "Permanezcan tranquilos y abróchense los cinturones. Será un vuelo agitado pero llegaremos a casa"?

¿O desearías que corriera de un lado a otro del pasillo gritando: "¡Vamos a morir! ¡Vamos a morir!". Ésa es la esencia del pensamiento positivo: no ofrece garantías, pero sí las mejores probabilidades.

Los perdedores se concentran en lo imposible hasta que sólo ven imposibilidades. Quienes piensan positivamente se concentran en lo posible. Al concentrarse en las posibilidades, permiten que las cosas ocurran.

Cómo opera el pensamiento positivo en el subconsciente

Para comprender mejor el pensamiento positivo necesitamos una imagen del subconsciente. Imagina que tu cerebro es una gran nuez dividida en dos partes, superior e inferior. La mitad superior es la mente consciente, que contiene los pensamientos pasajeros. La mitad inferior es el subcons-

El subconsciente es la suma de todos nuestros pensamientos. Nuestros pensamientos más comunes dan lugar a nuestras conductas subconscientes más arraigadas.

ciente. En el subconsciente están los programas con los que naciste —como los que te permiten respirar y digerir los alimentos— y los que has creado, como caminar y hablar.

Ahora imagina que estás aprendiendo a conducir. Cada vez que te acercas a una esquina, tienes un pensamiento consciente en la parte superior de tu cerebro: "Levanta la pierna derecha, muévela doce cm a la izquierda y oprime suavemente el pedal". Luego de tener ese pensamiento *consciente* durante algunos meses, desarrollas un programa automático gracias al cual cambias velocidades sin pensar. El programa para cambiar velocidades ha echado raíces en la mitad inferior del cerebro, el subconsciente. Tienes un nuevo programa *subconsciente*.

Esto explica por qué cuando eres un conductor experimentado puedes llegar a casa después de conducir durante cinco horas, y pensar: "Ni siquiera recuerdo haber conducido". Tu subconsciente hizo todo el trabajo. CUALQUIER PENSAMIENTO CONSCIENTE REPETIDO POR UN TIEMPO SE CONVIERTE EN UN PROGRAMA.

¿Qué ocurre entonces si tienes un pensamiento consciente a lo largo de varios años, como por ejemplo, "siempre estoy quebrado"? Desarrollas un programa automático gracias al cual ya no tienes que pensar. Puedes quebrar sin necesidad de un esfuerzo consciente.

¿Qué tiene que ver esto con el pensamiento positivo? Es simple. Tenemos alrededor de 50 000 pensamientos al día. En la mayoría de nosotros son pensamientos negativos: "¡Estoy engordando! Tengo mala memoria. ¡No puedo pagar mis cuentas! Nada de lo que hago sale bien".

Si la mayoría de nuestros pensamientos son negativos, ¿qué clase de comportamiento subconsciente tendremos? En su mayor parte, comportamiento negativo, el cual sabotea nuestra vida y salud aun sin que pensemos en ello.

Las personas se preguntan por qué terminan en la miseria, pero son ellos quienes han creado sus patrones automáticos mediante pensamientos repetitivos. Tal como nos programamos para conducir un auto sin pensar, podemos hacerlo para ser impuntuales, desdichados o pobres sin siquiera pensarlo. Y le echamos la culpa a Dios.

Pero esta es la parte emocionante: una vez que entendemos los patrones subconscientes nos damos cuenta de que nadie *tiene que ser* un perdedor. Tu futuro depende de tus pensamientos conscientes. Conforme disciplines tu mente, tus nuevos pensamientos conscientes crearán nuevos programas subconscientes. Así como puedes crear un comportamiento subconsciente para conducir un auto, puedes desarrollar uno para ser más exitoso. Pero ello requiere de un pensamiento disciplinado, y algo de *tiempo.*

Fred tiene un interés repentino en el pensamiento positivo y asiste a un seminario de motivación: "¡Ahora sí voy a cambiar mi vida!". Antes de desayunar pone por escrito algunas de sus nuevas metas: "Lograr un ascenso, tener un Rolls Royce, comprar el Taj Majal...", y pasa el resto de la semana en la espiral negativa de costumbre. Cuando llega el viernes, dice: "Creo que esto del pensamiento positivo no está funcionando".

Probablemente ha pasado de 48 000 pensamientos negativos al día a 47 500, y no concibe que no haya ganado la lotería, curado su artritis y dejado de pelear con su esposa.

No basta con ser positivo un día. Fortalecer la mente es como fortalecer el cuerpo. Si levantas una pesa veinte veces y corres al espejo, no verás ninguna diferencia. Del mismo modo, si piensas positivamente durante 24 horas notarás pocos cambios. Pero si disciplinas tu pensamiento durante algunos *meses,* verás más cambios en tu vida de los que jamás verás en el gimnasio.

Limpiar el pensamiento es una tarea para toda la vida. ¡Es enorme! Y es aún más difícil porque a menudo no nos damos cuenta siquiera de que estamos siendo negativos.

Si quieres examinar tus pensamientos, examina tu vida. Tu prosperidad, felicidad, calidad de relaciones e incluso tu salud reflejan tus pensamientos conscientes más comunes.

SABIDURÍA AL MINUTO

Fred dice: "¡Pienso así porque mi vida es un desastre". Te equivocas, Fred. ¡Tu vida es un desastre porque piensas así!

El pensamiento cosecha resultados

Si en tu vida hay algo que no te gusta, ¡deja de preocuparte y de hablar de ello! La energía que le dedicas lo mantiene vivo. Retírale esa energía y desaparecerá. Una discusión es el ejemplo perfecto. Si tu esposo vuelve a casa buscando discutir y te rehúsas a pelear, ¿qué ocurre? ¡No podrá discutir solo!

Mientras algo te preocupe, avergüence o simplemente esté en tu pensamiento, las demás personas seguirán hablando de ello. De niño, esto me llamaba mucho la atención. No comprendía por qué cuando había fumado de los cigarrillos de papá, ¡mamá quería darme el beso de las buenas noches!

Lo que soltamos desde el punto de vista emocional, se evapora. Esto nos lleva a otro principio:

CUANDO SUELTAS LAS COSAS, ELLAS TE SUELTAN A TI

En la medida en que te defiendas, la gente te atacará. ¿Por qué? ¡Porque sólo nos defendemos cuando nos sentimos inseguros! ¡En serio!

EJEMPLO: tu vecino te acusa de ser un marciano del espacio exterior. ¿Te enfrascarías en una discusión sobre marcianos? No. Tú *sabes* que no eres marciano y probablemente te reirás.

EJEMPLO: eres objeto de chismes en la oficina. Si empiezas a hacer declaraciones públicas y a proclamar tu inocencia, sólo avivarás el fuego. Ignóralo y pasará. ¿Estoy sugiriendo que no debes defenderte? Lo que digo es que mientras protestemos, suframos y nos paremos de cabeza, mantendremos vivo el problema.

Recuerdo haber visto por televisión las marchas de protesta de los años sesenta. Pregunté a papá: "¿Por qué se golpean unos a otros?". El respondió: "¡Porque quieren la paz!".

Uno no combate la guerra. Uno se concentra en la paz.

SABIDURÍA AL MINUTO

Si conviertes tu vida en una campaña contra las cosas, las cosas que combates crecerán. Decide a favor de qué estás.

Nosotros elegimos cómo vemos a los demás

Fred y Mary salen a cenar juntos por primera vez. Fred está decidido a divertirse. Mary ensucia su vestido con ensalada de papa y Fred dice: "Déjame ayudarte a limpiarlo". Ella pierde las llaves de su casa y Fred dice: "¡Yo siempre pierdo las mías!"

Pasan tres años. Mary y su esposo Fred salen a cenar. Ella se ensucia el vestido con ensalada de papa. Fred dice: "¡Fíjate en lo que haces!". Ella olvida las llaves: él dice: "¡Cabeza de chorlito!".

Misma gente, mismas circunstancias, ¡distinta actitud! Nosotros elegimos cómo vemos a los demás. Cuando *queremos* que alguien nos guste podemos ser muy tolerantes. Cuando queremos que la gente nos moleste, nos concentramos en sus defectos. Lo que determina nuestros sentimientos hacia las personas no es su comportamiento sino *nuestra actitud*.

Casi todos pensamos más tiempo en lo que está *mal* que en lo que está *bien:* Mary tiene en su cabeza dos listas de las características de Fred. La primera es la *listita de la esposa:* un breve inventario de los defectos de Fred. La segunda es la listota de la viuda: un catálogo completo de sus cualidades: simpatía, sentido del humor, generosidad y lindo trasero.

Mary pasa toda su vida matrimonial concentrada en la listita, en las pocas cosas que la molestan: "siempre deja el periódico esparcido sobre el comedor", "deja levantada la tapa del excusado". Un día, al pobre Fred lo arrolla un camión. De la noche a la mañana ella cambia a la listota: "Fred era un ángel: amable, generoso, trabajador... un marido ejemplar".

Si hemos de pensar con listas, ¿no deberíamos al menos hacer lo contrario?

Concentrarnos en las cosas que nos gustan de las personas, y cuando se vayan, consolarnos con pensamientos como: "De cualquier manera, roncaba".

Si te preguntara qué defectos tiene tu madre, ¿encontrarías algunos? Si te pidiera que me dijeras cinco cosas más que no te gustan de su aspecto, actitud y comportamiento,

¿podrías hacerlo? Apuesto que sí. Con tiempo suficiente, podrías pensar cientos o quizá miles de cosas. ¡Podrías llegar al grado de no querer verla nunca más!

Las personas que se concentran en lo negativo se defienden diciendo: "Simplemente soy realista". El hecho es que TÚ CREAS TU REALIDAD. Tú eliges cómo ves a tu madre y a todos los demás. Piensa en cualquier persona que conozcas, concéntrate en lo que te gusta de ella y tu relación mejorará. Puede resultar difícil, atemorizante incluso, pero funciona.

Gratitud y abundancia

> "¡Que alguien me presente a una persona feliz y desagradecida!"
>
> ZIG ZIGLAR

Todas las doctrinas espirituales nos exhortan a dar gracias. "¿Por qué debo pasar la vida satisfaciendo el ego de Dios?", dice Fred. Yo dudo que Dios tenga problemas de autoestima. Cuando puedes mover montañas, crear universos y viajar en el tiempo, ¡no necesitas demostrar nada!

Damos las gracias *en beneficio propio,* y la razón es ésta: en la vida recibimos aquello en lo que hacemos hincapié. Cuando expresamos gratitud por lo que tenemos, nos sentimos más ricos y recibimos más.

Cuando conocí a mi esposa Julie noté que además de muchas cualidades maravillosas tenía un defecto: ¡no sabe sumar! Pero aunque nunca sabe con certeza cuánto gana, cuánto le deben y cuánto gasta, siempre ha gozado de prosperidad. Julie es prueba viviente de que, al menos en lo que a calidad de vida se refiere, *la gratitud y la convicción de que la vida te bendecirá* son más importantes que la lógica y las matemáticas.

6

¡ESCUCHA A TU CORAZÓN!

Tu misión en la vida no es evitar
problemas; es vivirla con emoción.

Haz lo que te gusta
Tu profesión
Para cambiar de rumbo
¿Cuál es tu excusa?

Haz lo que te gusta

Este capítulo habla de dos temas:

1) Tú eliges tu actitud. Si lo deseas, puedes disfrutar casi cualquier empleo, y 2) Si trabajas en algo que amas, serás más feliz, tendrás más posibilidades de triunfar y probablemente ganarás más dinero.

En primer lugar: *"Elige disfrutar lo que haces ahora"*; en segundo lugar: *"Escucha a tu corazón y síguelo"*. ¿Es ésta una contradicción? No. En el corto plazo, a veces es necesario hacer que una situación incómoda sea lo más agradable posible. Si necesitas el dinero, tal vez debas conservar tu empleo actual mientras planeas tu futuro. En el largo plazo, sólo te sentirás satisfecho si haces lo que consideras correcto para ti.

Empleos perfectos

Siempre nos parece que los trabajos de los demás son más fáciles, divertidos, ¡y lucrativos! Las enfermeras creen que los médicos la tienen fácil. Los vendedores creen que para los gerentes de ventas es más sencillo. Todos creemos que los políticos la tienen fácil. Al final descubrimos que no hay empleos perfectos. ¿Por qué? Porque la gente sólo nos paga por hacer cosas que no

> "No vayas por ahí diciendo que el mundo te debe el sustento. El mundo no te debe nada. Él llegó primero."
>
> MARK TWAIN

pueden o no quieren hacer. Si no hubiera problemas que resolver, nuestros empleos no existirían.

Si no te gusta tu trabajo, tienes dos opciones: CAMBIA TU ACTITUD o CAMBIA DE TRABAJO.

A veces soñamos despiertos y pensamos: *"¡Qué feliz sería si mi empleo fuera más fácil!"*, pero la verdad es que los empleos fáciles no nos gustan. Cuando se ponen demasiado fáciles, ¡normalmente los dejamos! Nos gustan tanto los retos que no dejamos de buscarlos, incluso durante nuestro tiempo libre. ¿Por qué crees que es tan popular el golf? Porque está diseñado para volverte loco.

"Si consiguiera un empleo menos monótono", dice Fred, *"sería feliz"*. La mayoría de los trabajos son monótonos. Si eres secretaria, mecanografías una carta tras otra; si eres estrella de cine, filmas una toma tras otra. Todo es repetición.

Si etiquetamos las partes de nuestra vida como "trabajo" o "diversión", nos limitamos. Es como cuando decimos: "Me voy al trabajo para sufrir hasta las 5 pm". En vez de pensar en términos de "trabajo" o "diversión", piensa que todo forma parte de *tu vida*. Amar un empleo es como amar a una persona: al principio tal vez te encapriches, pero el amor a largo plazo es una decisión.

Haz tu mejor esfuerzo

"El trabajo sólo es digno cuando se le acepta libremente."

ALBERT CAMUS

Hay dos buenas razones para hacer nuestro mejor esfuerzo.

En primer lugar, cuando das el cien por ciento te sientes más feliz. Recuerda cuando eras estudiante. Recuerda cómo era caminar a la escuela en aquellos días en que habías hecho toda la tarea y dado tu mejor esfuerzo. ¿No es verdad que te sentías más entusiasmado?

No importa si no has ido a la escuela en 50 años, el "principio de la tarea" sigue aplicándose. Tus maestros te dijeron que trabajaras duro, igual que tus padres y jefes, pero no trabajas para complacer a tus padres y maestros, ni para quitarte al jefe de encima. Lo haces por ti.

En segundo lugar, el universo tiene una manera de castigar la pereza y la arrogancia. Ya bastantes problemas tendrás en tu vida —y en tu trabajo— incluso con esfuerzo. Cuando tomamos las cosas a la ligera, todo empieza a derrumbarse. Pregunta al boxeador que subestima a su oponente. Pregunta al empresario que subestima a su competidor. Hay una palabra para describir la actitud de quien siempre hace su mejor esfuerzo: profesionalismo.

¿Has notado cómo algunos taxistas convierten la travesía en un placer, y otros en un sufrimiento? Es el mismo trabajo monótono. ¿Cuál es la diferencia entonces? Los taxistas felices tienen una filosofía distinta. "Pero los buenos taxistas dan buen servicio porque están contentos", dice Fred. ¡No! Están contentos *porque* dan un buen servicio.

Las personas que disfrutan su trabajo se despiertan diciendo: *"Hoy, voy a ser más eficaz y diligente que ayer"*. No siempre lo logran, pero lo intentan.

Hace poco di una conferencia en Singapur con Zig Ziglar. Zig ha dado conferencias de manera profesional durante más de 25 años, es considerado en todo el mundo un maestro en su campo. Su saturada agenda y los considerables honorarios que cobra por esta actividad lo confirman.

Antes de empezar su plática le dije: "Zig, seguramente has dado esta conferencia miles de veces. ¿Cuánto tiempo dedicaste a preparar la presentación de hoy?". Él contestó: "Tres horas".

A pesar de su éxito, Zig no se arriesga ni busca atajos. Está comprometido con su oficio y perfeccionamiento constante. Llamar a Zig "talentoso" sería subestimarlo, porque hace falta mucho más que talento para permanecer en la cumbre.

¿Para quién trabajas?

Siempre haz más de lo que te retribuyen, y un día te retribuirán por más de lo que hagas.

Hace poco me atendió un mesero descortés. Su lenguaje corporal decía algo como: "¿Quién te dio permiso de venir a este restaurante?" Mi capuchino tardó veinte minutos en llegar, y cuando lo hizo, la mayor parte estaba en el plato. Conversando, le pregunté al mesero sobre su trabajo y su jefe. Él contestó: "Obviamente no quiero trabajar para este zopenco el resto de mi vida".

Por desgracia, había pasado por alto un aspecto fundamental de la vida en el lugar de trabajo: UNO NO TRABAJA PARA SU JEFE; TRABAJA PARA SÍ MISMO.

Ninguno de tus patrones será perfecto y posiblemente tus colegas sean perezosos. Pero cuando tomas un empleo, tu obligación es hacer tu mejor esfuerzo, no buscarle defectos al tipo que firma los cheques.

Cuando sólo te esfuerzas al 50 por ciento, sufres más que tu jefe. Él sólo pierde unos cuantos dólares. Tú pierdes entusiasmo y autoestima, así como un buen pedazo de tu vida.

SI TUVIERA UN BUEN EMPLEO

Algunas personas creen que hay actividades "divertidas" y otras "aburridas". *No es así.* Alguien interesante puede hacer interesante un trabajo aburrido. Esto no significa que un banquero desempleado deba lavar autos durante viente años, ¡pero unos cuantos meses podrían ser buena terapia! Con la opulencia llega la arrogancia. El arquitecto despedido dice: "Yo construyo edificios, no hago ventanas". Los ejecutivos destituidos se aferran a la ayuda del gobierno y prefieren depender de su cheque de pensión a trabajar como meseros.

Tú eliges si quieres disfrutar tu trabajo. Mi hermano Christopher sabe cómo hacer memorables hasta los peores trabajos. Si necesitara a alguien que me ayudara a cavar una zanja, pintar un techo o picar piedra, lo elegiría a él.

Él simplemente da por hecho que será divertido. Desplumar pollos con él es más entretenido que muchas fiestas.

SABIDURÍA AL MINUTO

Haz tu mejor esfuerzo, pero no para impresionar a los demás. Hazlo porque sólo así disfrutarás tu trabajo.

Tu profesión

Este libro no es una guía profesional, es una filosofía: sólo tienes una vida, vívela haciendo cosas que te importan. Para lograr esto debes aceptar dos ideas:

1. *"Puedes hacer lo que te gusta. Si aún no puedes hacerlo en tu trabajo, hazlo al menos en tu tiempo libre."* Algunos nos hacemos los mártires y no dedicamos un tiempo para nosotros. Si no puedes hacer lo que te gusta en tu tiempo libre, difícilmente te permitirás trabajar en un empleo que en verdad ames.

2. *"Puedes cobrar por hacer lo que te gusta."* Muchos crecemos creyendo que el trabajo debe ser una carga. ¡Falso! Millones de personas disfrutan en grande en sus empleos y cobran.

Aclaremos qué NO ES "hacer lo que te gusta". Hacer lo que te gusta no es cobrar un cheque por acostarte en una playa tropical. Es apasionarte por algo y poner todo tu amor, energía y creatividad en lograr que funcione. Es arriesgarte. Y, generalmente, ¡es tener que hacerlo funcionar sólo para comer!

La incertidumbre es parte de la diversión. Si no hay lucha sentimos que falta algo. Ésta es la razón por la que muchos hijos de ricos y famosos se drogan hasta morir o se vuelan la tapa de los sesos. Les faltan retos. Trabajen o no, sus necesidades están cubiertas.

TU VIDA FUNCIONARÁ SÓLO CUANDO ASUMAS LA RESPONSABILIDAD TOTAL DE TUS ELECCIONES.

LA ELECCIÓN DE TU CARRERA ES PRIORITARIA.

Si preguntas a Fred por qué está en ese trabajo, contestará: "¡Todo mundo debe estar en algún lado, haciendo algo!". Con eso no basta, Fred. Nadie te dará una medalla por dedicar tu vida a hacer algo que odias. Si sabes que estás en el empleo equivocado, cambia de trabajo. Haz lo que amas.

No sé qué quiero hacer

Si no sabes qué te gusta hacer, probablemente dejaste de escucharte hace años. Muchos de nosotros aceptamos convertirnos en personas que no somos para complacer a nuestras familias: querías jugar beisbol *pero* mamá te hizo tocar piano; soñabas con autos deportivos *pero* siempre compraste algo "práctico"; deseabas ser periodista *pero* te convertiste en contador; ansiabas viajar a Sudamérica *pero* siempre fuiste de vacaciones a casa del tío Ted.

Adoptaste pasatiempos "apropiados". Hiciste lo que "se esperaba" de ti. Finalmente, un día despertaste y dijiste: "No sé quién soy, pero sé que no quiero seguir haciendo esto".

Si has reprimido tu pasión por mucho tiempo, ni siquiera recordarás qué te gusta en realidad. Una voz en tu interior te recordará que si haces lo que te gusta eres egoísta. Esa voz puede incluso decir: "Odias tu trabajo y bien merecido lo tienes".

También es posible que *creas* hacer algo porque todo mundo espera que te guste. Cuando haces algo que *en verdad* te gusta hacer, notarás lo siguiente:

⊖ Es fácil levantarte por la mañana y no sientes necesidad de descansar.

⊖ Te olvidas del paso del tiempo y de ti mismo.

⊖ Ni siquiera piensas en la energía que requiere. Puedes hablar de eso por horas... ¡y comúnmente lo haces!

¿Cómo recupero mi pasión?

Simplifica tu vida. Deja de hacer cosas por costumbre. Despeja de basura tu vida diaria y verás tu camino con más claridad. Mantén apagada la televisión durante un mes. Nota en qué piensas, nota qué lees.

Escúchate. La próxima vez que una vocecita en tu interior diga: "Me encanta eso, me emociona", ¡ESCÚCHALA! Ve a la librería y recórrela de un extremo a otro. Observa todas las portadas de los libros. ¿Qué atrae tu atención?

Prueba algo novedoso: intenta pintar al óleo, cultivar bonsáis, entrenar a un equipo infantil de fútbol, aprender italiano. De diez cosas que experimentes, tal vez nueve no te emocionen, pero la décima puede abrirte un mundo nuevo. Si esto no funciona, prueba diez cosas más.

Para encontrar debes buscar. Si has perdido el rumbo en tu vida, difícilmente lo encontrarás en el fondo de las botellas. Date un respiro, un poco de tiempo y espacio para descubrir qué es importante para ti. Ve a la montaña o a la playa durante una semana *a solas*. "No tengo tiempo para eso", dice Fred. Es como si dijera: "Estoy perdido pero voy retrasado, no tengo tiempo para consultar un mapa".

Lo más importante es que te acostumbres a la idea de hacer lo que te gusta. Para ello debes crer que es posible. Conforme identifiques qué te gusta hacer con tu tiempo empezarás a encontrar respuestas a la pregunta: *"¿Qué quiero hacer con mi vida?"*

> SABIDURÍA AL MINUTO
>
> Muchas personas no saben qué quieren... y se molestan porque no lo obtienen. Si no sabes exactamente qué quieres, identifica algo muy cercano y parte de ahí.

El talento

"Talento" no se refiere necesariamente a la capacidad de pintar obras maestras. Preocuparse por los demás es un talento. Enseñar es un talento. Lograr que la gente se sienta bienvenida es un talento. Resolver problemas es un talento. Administrar es un talento. La paternidad es un talento.

A menudo subestimamos nuestros talentos. El alfarero dice: "Si tan sólo fuera músico; *eso* sí sería interesante". El pianista dice: "Si tan sólo pudiera hacer cosas con las manos...". No compares tus capacidades con las de los demás. Haz lo que sepas hacer. Acepta tus talentos. La satisfacción es resultado de desarrollar *tus* dones, no de desear los de los demás.

"Dios me dio talento para tratar con niños", dice Mary, "pero tal vez deba ser banquera". Si eres literalmente un regalo de Dios para los preescolares, ¿por qué querría él que te dedicaras a hacer cuentas? ¡Dale algo de crédito! Si tú puedes identificar tus dones, él también puede.

He notado algo más: quienes dicen que no tienen talento no han probado muchas cosas.

Una vez dicho esto, *el talento sirve, ¡pero no es todo!* Cuando la gente habla del éxito de Jack Nicklaus en el golf, normalmente alude a su *extraordinario talento.* Cuando Jack habla de su éxito, alude a sus *horas adicionales de práctica.* Él sabía que la diferencia entre Jack Nicklaus y otros miles de golfistas talentosos es la actitud y el trabajo duro.

Las personas que no desarrollan sus capacidades conceden demasiada importancia al talento. Para ellas, el talento o su ausencia, es una gran excusa para no hacer nada. Si existe una característica común a los grandes artistas, científicos, estrellas deportivas, humanistas y magnates de negocios, no es su talento sino su capacidad de concentración. Una vez que sepas qué quieres hacer, ¡concéntrate! No puedes hacer todo. No puedes salvar a las ballenas, sanar a los enfermos y tapar la capa de ozono al mismo tiempo. Deja algunas tareas para el resto de la humanidad.

Aprovecha tu tiempo libre

"El trabajo es el amor en forma visible."

KAHLIL GIBRAN

Muchas personas convierten su pasatiempo en trabajo de tiempo completo, y la transición de "pasatiempo" a fuente de ingresos es a menudo gradual.

Frank ama la fotografía y le dedica su tiempo libre. Es el fotógrafo en las bodas de sus amigos. Gana algunas competencias locales de aficionados. Poco a poco recibe más y más trabajo. Al cabo de un par de años empieza a ganar más dinero los fines de semana que en la oficina. Obviamente, algunas bodas se cancelan, algunos clientes no le pagan y algunos meses son difíciles. Pero para Frank, todo esto vale la pena.

A María le encantan los idiomas. Habla italiano e inglés y decide aprender español. Va de vacaciones a Barcelona. Para mejorar su español, enseña inglés a inmigrantes sudamericanos después del trabajo, sin cobrarles. Al cabo de dos años, habla con fluidez tres idiomas. Solicita tres empleos en agencias de viajes, y aunque no se los dan, no se da por vencida. Toma un curso de traducción para perfeccionar sus habilidades. Finalmente, obtiene un puesto en una escuela de idiomas.

Jim ama la caminata y el campismo, y cuenta con todo el equipo necesario: botas, tiendas de campaña, mochilas. Cuando sabe que alguien quiere acampar y no tiene equipo, le renta el suyo. En ocasiones organiza viajes en su camioneta... y cobra. A veces los campistas pierden sus cuerdas y queman sus tiendas de campaña, pero Jim piensa: "Ningún trabajo es perfecto. Es mejor que el último que tuve, ¡en la morgue!".

¿Qué podemos aprender de estas personas?

- Que puedes ganarte la vida haciendo algo que te gusta.
- El mundo es un mercado. Una vez que desarrollas una habilidad, la gente pagará por ella.

También aprendemos que la vida real no es como las telenovelas. Según la televisión, la vida es así:

⊖ 7:30 pm. Escena 1. Samantha decide fundar una agencia de modelos.

⊖ 7:34 pm. Escena 2. Samantha renta una oficina del tamaño de un campo de tenis.

⊖ 7:36 pm. Escena 3. Samantha designa a un administrador, se retira y viaja a Hawai.

En la vida real, Samantha acudiría a ocho bancos antes de obtener un crédito. En la vida real, trabajaría los fines de semana en un puesto de hamburguesas. En la vida real, comenzaría en una oficina del tamaño de tu baño.

La vida real es más frustrante. La vida real lleva más tiempo.

A propósito de telenovelas, las personas que convierten sus pasatiempos en profesiones no dedican mucho tiempo a verlas.

Vivir la vida de otras personas no se compara con vivir la tuya.

> SABIDURÍA AL MINUTO
> Si quieres ganarte la vida haciendo lo que te gusta, tu pasatiempo es una fuente probable de ingresos. Mientras más intereses desarrolles, más opciones tendrás.

Para cambiar de rumbo

Mi padre siempre hizo lo que quiso. Fue alternadamente marinero, carnicero, agricultor, inventor, pintor y promotor inmobiliario. Yo crecí creyendo que trabajar era *hacer lo que quisieras hacer*. Daba por hecho que cuando uno quería dedicarse a otra cosa, simplemente lo hacía. Mientras muchas personas necesitan valor para resistir las presiones de sus padres y seguir sus sueños, yo no. Cuando dije a mi padre: "¡Voy a dejar la escuela de leyes y seré pintor!", él dijo: "Si eso es lo que quieres, ¡maravilloso!".

Pinté retratos hasta los veintitantos años, cuando me emocioné con los beneficios de la "actitud positiva". En ese momento decidí que la pintura al óleo sería mi pasatiempo y no mi profesión, y para ganarme la vida comencé a impartir seminarios de crecimiento personal. Al acercarme a los 30 años empecé a escribir libros, y para ilustrarlos me convertí en caricaturista. Ahora dedico la mayor parte de mi tiempo laboral a dar pláticas en conferencias y convenciones.

Describo mi experiencia para explicar por qué escribí este libro. Me entristece que algunas personas no vean la posibilidad de trabajar en lo que les gusta. Para que tu trabajo tenga significado y te emocione, debes escuchar a tu corazón. Yo lo creo y lo vivo.

Obviamente, no todos quieren ser trabajadores autónomos. En algunas profesiones, esto es casi imposible: ¡no hay muchos gerentes de bancos ni pilotos de aviones que trabajen por su cuenta! Y muchas personas prefieren tener una sola profesión. Pero me impresiona que tantas personas tengan un trabajo que odian, ¡frecuentemente con excusas muy flojas! Lo que he notado es que elegimos la profesión que se ajusta a nuestro sistema de creencias.

En muchos casos, nuestra profesión fue elegida por un adolescente ignorante: ¡nosotros mismos! Si elegiste tu primera carrera a los diecisiete, tal vez sea momento de elegir de nuevo. Considera la posibilidad de tener más de una profesión.

Digamos que querías ser maestro de música pero estudiaste ingeniería para complacer a Papá. Todos los días, sus palabras resuenan en tus oídos: "Has tenido oportunidades que yo no tuve. Ya quisiera yo haber tenido todo en bandeja de plata". ¿Qué debes hacer? ¡Mandar afinar el piano!

En primer lugar, hazlo *por tu padre*. Nadie puede vivir por medio de otra persona. Papá debe hallar interés en su propia vida. Mientras tú te sacrificas para complacerlo, estás posponiendo su crecimiento y el tuyo. No estás aquí para cumplir los sueños de padres frustrados.

Y hazlo *por ti*. Aunque hayas dedicado cuatro años a convertirte en ingeniero, no tienes por qué pasar los siguientes 40 haciendo algo que odias. Perjudica tu espíritu, perjudica tu salud, ¡y te condena a la mediocridad!

¿Debemos amar algo para hacerlo bien? ¿Amaba Beethoven la música? ¿Amaba Ferrari los autos de carreras? Imagina a dos médicos. A uno le apasionan sus pacientes; al otro le apasiona su BMW. ¿A cuál pedirías que te extirpara el apéndice?

"Entonces, debo renunciar a mi trabajo en la oficina de correos y formar un grupo de rock?" ¡No sin antes tomar clases de música y dar algunos conciertos! Hay algo llamado riesgo calculado. Desarrollas tus capacidades, expandes tu conocimiento, estudias, creas demanda por tus habilidades... y entonces te dedicas a lo que te gusta.

"Tengo una familia que mantener", dice Fred. "¿Quieres que simplemente renuncie?" Bueno, si tu corazón está en otro lugar, puede ser una opción a largo plazo.

Trabajar por dinero

"Muchas personas salen a pescar toda su vida sin darse cuenta de que lo que buscan no son los peces."

HENRY DAVID THOREAU

Si sólo trabajas por dinero, no serás feliz y probablemente no ganarás mucho. Así es como el universo te empuja a hacer algo que realmente te guste.

¡El dinero puede hacerte rico!

En el capítulo cuatro hablé del desapego. Cuando amas lo que haces, sientes menos apego al dinero y por lo mismo ganas más. El dinero es un juego: para ganarlo debes jugar, no afligirte por el marcador.

Tal vez te guste el dinero, pero el compromiso va más allá del dinero. Cualquiera que sea el trabajo que realices, *estás compitiendo con personas que aman lo que hacen*. Si no amas tu trabajo, serás arrollado por la competencia.

¿Hay lugar para mí? Siempre hay lugar para la excelencia. Ochenta por ciento de las personas son muy amables, y también un poco mediocres. ¿Cuántas veces has subido a un taxi limpio? ¿Cuándo fue la última vez que tu médico te recibió puntualmente? ¿Con qué frecuencia recibes un buen servicio en un restaurante?

Para hacer lo que te gusta no necesitas forzosamente años de entrenamiento y gastos considerables. Con frecuencia resulta de una aparente tragedia. Julie tiene una manicurista, Danielle, que rentaba una esquina de un salón de belleza. Cuando el peluquero le duplicó la renta, Danielle se sintió desolada. Entonces guardó todos sus barnices para uñas en una caja de las que usan los pescadores y empezó a dar servicio a domicilio, transportándose en su ciclomotor. Es puntual, ofrece un gran servicio y la contratan con semanas de anticipación.

Pero si hiciera lo que me gusta, no ganaría lo que gano ahora

Con frecuencia, al hacer lo que te gusta tienes más probabilidades de prosperidad en el largo plazo. Pero a veces no será así. A veces, cuando haces lo que te gusta *necesitas* menos dinero.

Digamos que eres presidente de una compañía. Tienes un apartamento enorme y una casa de descanso en una pequeña granja, además de autos de lujo y gastos de representación según tu puesto. Tu amor verdadero es la crianza de caballos y enseñar equitación, pero te dices: "¡Debo conservar mi empleo para mantener todas estas cosas!".

Cuando te conviertas en instructor de equitación, tal vez descubras que no necesitas penthouse ni autos deportivos. En ocasiones compramos montones de juguetes para distraer a nuestra mente del hecho de que odiamos nuestro trabajo. Cuando escuches a tu corazón, tal vez descubras que una pequeña granja y un pequeño *jeep* son suficientes.

No es el trabajo...

Hay algo que caracteriza a las buenas enfermeras: les gusta la gente incluso más que la medicina.

Aquí hay una clave para que tu profesión sea significativa. ¡EL TRABAJO NO ES LO QUE IMPORTA! Lo que haces para ganarte la vida es un vehículo para establecer contacto con las personas. Tu satisfacción depende de cómo sirvas a la gente. Albert

Schweitzer dijo: *"...los únicos de ustedes que serán felices serán quienes hayan buscado y encontrado cómo servir"*.

Por desgracia, "servir a la gente" suena a esclavitud o sacrificio. No es así. Es saber que hay alegría en dar algo que sólo tú puedes dar. "Servir" puede ser enseñar o cuidar a la gente cuando está enferma. Puede ser venderles flores hermosas o reparar sus radiadores con una sonrisa. No tiene que ver con el tipo de trabajo; se relaciona con tu filosofía.

La sociedad suele valorar las profesiones con base en licenciaturas y posgrados, y corremos el peligro de perder de vista lo esencial: el contacto con la gente.

Imagina que entrenas un equipo de baloncesto formado por niños de doce años de edad. Tal vez ames el baloncesto y eso está bien. Pero mientras no comprendas que *lo importante no es en absoluto el baloncesto,* no podrás hacer algo por esos chicos.

Tal vez pienses: "Los entrenadores de baloncesto no cambian la vida de los niños". ¡Falso! Algunos lo hacen: los que comprenden que están enseñando a los chicos a vivir, y que el baloncesto es sólo una excusa.

Mientras tanto, muchos maestros piensan: "Mi trabajo no vale nada. A los niños no les importa el álgebra". ¡Por supuesto que no! Si eres maestro de sexto grado, tu misión no es el álgebra: son los niños. Si eres banquero, tu misión no son los balances financieros: es la gente.

"¡Acepto!"

Hace unos años me invitaron a la librería Books and Co., de Dayton, Ohio. Mientras dibujaba viñetas, el personal de la tienda me contó una historia de amor entre dos de sus clientes.

Un día, Rebecca Battles y Ray Cwikowski revisaban la sección de libros para recuperarse del duelo. Tanto Ray como Rebecca habían sufrido recientemente la muerte de sus cónyuges. Empezaron a conversar y acordaron asistir juntos a algunas sesiones de apoyo a dolientes. Al cabo de un tiempo, trabaron amistad.

Meses después Rebecca volvió a la librería. Cuando el dependiente le preguntó si había encontrado lo que buscaba, Rebecca contestó: "Encontré más de lo que soñaba: el libro que quería y a mi prometido, ¡todo en la misma sección! Nos casaremos el 15 de septiembre".

En la librería estaban tan emocionados que decidieron ofrecer la recepción de bodas en su establecimiento. Se movieron libreros, se contrataron mesas y sillas, se compraron flores, se colgaron adornos, y la sección de envoltura de regalos se convirtió en restaurante.

Los propietarios, Annye y Joe, dejaron de vender libros y sirvieron pastel de bodas. Fue un acontecimiento especial y conmovedor.

Books and Co. es prueba viviente de que la dicha es resultado de combinar esfuerzo e imaginación. Es resultado de elegir participar y pensar: "Puedo ayudar". Hubiera sido mucho más sencillo para Annye y Joe decir: "Ése no es nuestro giro. Nosotros vendemos libros, no organizamos bodas".

Además de ofrecer buenos libros, Books and Co. invitan semanalmente a bandas de jazz. Organizan lecturas de poesía, talleres de pesca y conferencias. Incluso celebran festivales de mascotas. El domingo anterior a mi visita, ¡habían tenido quinientos perros en el local!

Lo que importa no es *qué* haces sino *cómo* lo haces. Ya sea que tengas una librería, construyas barcos o cuides niños, tienes dos opciones: hacer lo mismo que los demás o usar algo de imaginación.

> SABIDURÍA AL MINUTO
>
> La dicha resulta de hacer lo que te gusta y de esforzarte porque así lo decidiste, no porque sea una obligación.

Puedo hacer cualquier cosa, ¡con tal de ser rico y famoso!

La palabra que en sánscrito significa "tu propósito en la vida" es *dharma.* Según la *ley del dharma,* estamos aquí para descubrir nuestros talentos únicos. Al manifestarlos encontraremos la dicha. De acuerdo con dicha ley, para descubrir nuestros talentos es mejor preguntar: "¿Qué puedo dar?" en vez de: "¿Qué puedo obtener?".

Bill Gates es uno de los hombres más ricos del mundo. Al escucharlo hablar resulta claro que le emociona más el *software* que el dinero. Elvis Presley no se propuso reunir una fortuna, sino grabar un disco. Ser rico no es una meta, es una consecuencia.

En cuanto a la fama, la mayoría de la gente la encuentra irritante e incómoda. ¿Qué ganas con tener ejércitos de desconocidos trepando la barda de tu casa? ¿Cuál es el chiste de que 50 fotógrafos apostados al otro lado de la calle dirijan sus lentes a la ventana de tu baño?

Si todo mundo hiciera lo que le gusta, ¿quién repararía el pavimento?

Aunque no sea tu vocación, hay personas que disfrutan reparar el pavimento: nada de teléfonos, trabajo al aire libre, grandes camiones, música country... Tiene sus ventajas. Nuestro vecino Wolfgang es cirujano. Hace poco, mientras cenábamos un espagueti a la boloñesa, nos contó sobre una estimulante operación de hemorroides que había practicado aquella tarde. Mientras intentaba imaginarme operando el trasero de alguien, pensé: "Wolfie es un magnífico comediante". Entonces me di cuenta de que no bromeaba. A Wolfie le apasiona tasajear a la gente y sabe apreciar unas buenas hemorroides. Cuando Wolfie habla de ellas, ¡las hemorroides cobran vida!

A personas distintas les gustan cosas distintas. Todos avanzamos en direcciones diferentes a distintas velocidades. Cuando dejas una actividad para hacer lo que te gusta, habrá alguien que te sustituya.

Si empiezo a hacer lo que me gusta, ¿tendré menos problemas?

¡No! Tu misión en la vida no es evitar problemas, ¡es vivirla con emoción!

Lo mejor que puedes hacer para lograr la prosperidad es ocuparte en lo que amas. El amor es energía. Todo lo que haces con amor tiene esa "energía de calidad", la cual es más probable que se convierta en dinero. Pero eso no significa que no sufrirás frustración ni dolor. No estoy de acuerdo con algunos libros *new age* que ofrecen este panorama color de rosa. Su mensaje es: "Simplemente sigue tu sueño y lleva tu dinero a casa en una carretilla".

> **SABIDURÍA AL MINUTO**
> Hacer lo que te gusta no es la receta para una vida fácil, es la receta para una vida interesante. ¡Lo más probable es que enfrentes más responsabilidades y más problemas!

Being Happy!

Cuando llevé a los editores el manuscrito de mi primer libro, *Being Happy!,* todos me dijeron: *"Lo último que necesita el mundo es otro manual de autoayuda"*. También dijeron que para escribir libros como *Being Happy!* debía ser psiquiatra, excepto uno, ¡quien dijo que yo debía consultar a uno!

Luego de año y medio de rechazos encontré a Media Masters, una visionaria casa editora de Singapur. Media Masters pronto me dijo que el mercado del libro es extremadamente competitivo y que los periódicos y la televisión muestran poco interés en autores desconocidos. Necesitábamos una estrategia.

Decidimos llevar *Being Happy!* directamente a la gente. Cuando lanzamos el libro en Singapur, llevé mi caballete y mi micrófono a prácticamente todas las librerías de la ciudad. Dibujaba viñetas, hablaba de mi filosofía y autografiaba libros. En preparatorias y universidades hablaba a los alumnos, y en las empresas hablaba al personal. Seguimos este plan hasta que *Being Happy!* llegó a las listas de *bestsellers* de Singapur, y luego usamos la misma estrategia en Malasia, Australia y muchos otros lugares.

Pasé seis años viajando alrededor del mundo. Hablé en almacenes y prisiones, y dibujé en miles de centros comerciales. Mi siguiente libro debería llamarse: "Centros comerciales del mundo". Disfruté el proyecto la mayor parte del tiempo, pero hubo días en que despertaba en un hotel y pensaba: "Si vuelvo a entrar en una librería, ¡voy a vomitar!".

Una librería a la vez, una ciudad a la vez, un país a la vez, llevamos *Being Happy!* al mercado internacional. Y poco a poco, ¡los periódicos y canales de televisión empezaron a llamarnos!

También nos divertimos. Hicimos una gira promocional por toda Australia durante una huelga de aerolíneas. En Nueva Zelanda, ¡me pusieron a dibujar viñetas en la radio!

Para lanzar *Being Happy!* en Estados Unidos organizamos una fiesta para los medios de comunicación en la embajada australiana, en la Quinta Avenida de Manhattan. Enviamos invitaciones a todos los periódicos, agencias de noticias, estaciones de televisión y de radio de la Costa Este de Estados Unidos. Había comida para 200 invitados. El veinte de junio de 1990 viajé a Nueva York para el lanzamiento.

Por casualidad, un hombre llamado Nelson Mandela viajó también a Nueva York ese veinte de junio. ¿Cuántos reporteros pensaron que la visita del pequeño Andrew era más importante que la de Nelson Mandela? Ninguno.

Si alguna vez has estado solo en una fiesta con once meseros, sabrás que el servicio es inolvidable.

La gente me pregunta: "¿Qué hiciste para vender un millón de libros?" Yo contesto: "Viajé un millón de kilómetros, ofrecí quinientas conferencias, respondí mil entrevistas, ¡y perdí mi equipaje 23 veces!".

Esta historia no trata de libros ni de negocios; trata de cualquier proyecto exitoso que se te pueda ocurrir. Uno empieza donde puede. Uno hace todo lo que puede. Es más esfuerzo que suerte.

Pasión

Cuando te gusta lo que haces, el entusiasmo te impulsa. Cuando sientes pasión, no necesitas que nadie te motive.

Si abres tu "restaurante de ensueño" y nadie va a comer, sigues probando recetas, ideas y ubicaciones hasta que el lugar se llena. Si se te acaba el dinero primero, llevas tu entusiasmo a quien tenga más dinero que tú y lo haces tu socio. Enfrentas frustraciones y cocineros, pero en el fondo sabes que vas en la dirección correcta. Claro que necesitas mucha decisión, pero la pasión es tu apoyo.

La vitalidad resulta de tener un propósito. Hacer lo que te emociona es una obligación ante ti mismo y ante los demás. El mundo ya tiene bastantes personas tibias que se consumen antes de encenderse.

Ir en pos de tu sueño no te garantiza que el camino será fácil: la vida será un desafío constante, pero al emprender este viaje exterior te embarcas en otro interior que te da la oportunidad de florecer, de saber quién eres en realidad.

> SABIDURÍA AL MINUTO
>
> Cualquiera que sea el lugar donde estés, no estás inmóvil. ¡Eres un ser humano, no un árbol!

"¿Cuál es tu excusa?"

Tal vez hayas leído este capítulo con cierto fastidio, pensando: "Andrew, es bueno hacer lo que te gusta, pero no conoces *mi* situación".

Si tienes sueños incumplidos, analiza tus excusas. Generalmente, no somos muy honestos con nosotros mismos. Decimos que algo es *imposible* cuando en realidad es *sumamente incómodo*.

"Me encantaría estudiar arqueología", dice Mary, "pero obviamente es imposible". Lo que en realidad quiere decir es: "Para estudiar arqueología necesitaría hacer alguna de estas cosas: a) cubrir los requisitos de inscripción; b) trabajar medio tiempo como mesera; c) conseguir un préstamo; d) no salir a cenar durante cuatro años; o bien, e) todos los anteriores".

Mary decide que estudiar arqueología no vale todo este esfuerzo, y afirma: "Si crees que haría todo eso, estás loco".

Jim dice: "Me gustaría tener un apartamento propio". Ha dicho lo mismo los últimos 23 años. Lo que Jim quiere decir es: "Me encantaría tener mi apartamento si: a) no tuviera que ahorrar más, b) no tuviera que trabajar más duro, o c) no tuviera que vivir donde los apartamentos son más baratos". Jim sigue rentando.

Las decisiones de Mary y Jim son comprensibles y no pueden calificarse de correctas ni incorrectas. Sin embargo, lo que resulta destructivo es pensar que no tienen opción.

Cuántas personas juran que no pueden cambiar de profesión hasta que un ataque cardiaco los convence de lo contrario. Si no llevamos la voz cantante, las circunstancias u otras personas lo harán. ¿POR QUÉ ESPERAR A QUE EL MÉDICO TE DIGA QUE TE RESTAN SEIS MESES DE VIDA PARA EMPEZAR A HACER LO QUE TE GUSTA?

¿Y si mi sueño es imposible?

Los seres humanos hacemos cosas increíbles. Piensa en el estadounidense Roger Crawford, quien nació con una pierna y dos brazos, pero sin manos. Roger se convirtió en jugador profesional de tenis: alcanzó estatus profesional y se ganaba la vida como entrenador de este deporte. Puedes leer la historia en su libro *Playing from the heart*. La vida de Roger nos obliga a reconsiderar nuestras limitaciones.

Digital Dan, de Ferndale, California, fue carpintero hasta que le diagnosticaron cáncer en la garganta y le extirparon la laringe. Cuando perdió la capacidad de hablar, ¡se convirtió en *disk jockey!* Dan mecanografía sus palabras en una computadora portátil que habla por él.

Hay una característica que se repite en las personas que alcanzan sus sueños: comienzan con graves desventajas. Hay asmáticos que se convierten en campeones deportivos y magnates que estuvieron en bancarrota. Hay miles de inmigrantes analfabetos que se convirtieron en profesores universitarios y presidentes de compañías.

Cuando las posibilidades están en tu contra, desarrollas una clase de fortaleza mental que te permite sobrevivir. Esta fortaleza se convierte en tu arma secreta.

Sabiduría al minuto

Siempre tenemos opción. Si no haces algo es porque estás poniendo tu energía en otra parte. La pregunta no es: "¿Por qué es imposible esto?", sino: "¿Qué no estoy dispuesto a hacer?".
Cuando dices: "Haré esto, no importa cuán difícil sea", la vida empieza a apoyarte.

7

DIOS NO BAJARÁ DE UNA NUBE PARA DECIRTE: "¡AHORA TIENES PERMISO PARA TRIUNFAR!"

Tú debes darte ese permiso.

ANDREW MATHEWS

¡COMIENZA YA!
LA VALENTÍA
PRUEBA ALGO DIFERENTE
EL SECRETO DEL PODER
¿POR QUÉ TÚ NO?

¡Comienza ya!

¿Alguna vez te ha pasado esto? Estás sentado en tu escritorio, en la casa o el trabajo, y suena el teléfono. La persona que llama te pide que anotes su número. "Déjame buscar algo con qué escribir", dices mientras remueves en tu escritorio montones de basura: pilas de recetas médicas, boletos de avión, pólizas de seguros, cajas de pizza, gotas para la nariz, tazas de café y periódicos viejos. "Disculpa la tardanza, hay un lápiz por aquí...".

Te sumerges en los cajones entre baterías para linterna, palillos de dientes, *tees* de golf, folletos sobre cómo perder peso, fotos de tu boda, monedas de Hong Kong, un crayón infantil. ¡Un crayón! Garrapateas el número en amarillo limón y cuelgas.

Entonces piensas: "Aprovechando que encontré estas pólizas de seguros, voy a guardarlas en una carpeta". Entonces colocas los boletos de avión en la sección "viajes" y las tazas en el fregadero. Una cosa lleva a la otra: pronto las gomas están en el cajón superior, los directorios telefónicos en el librero, las cajas de pizza en el basurero. Incluso limpias el caramelo adherido al teléfono.

De repente tienes una visión: "Yo podría tener una oficina *ordenada*". La emoción inunda tu pecho y empiezas a hacer planes: "Usaré carpetas nuevas con etique-

"Un hombre de conocimiento vive actuando, no pensando en actuar."
CARLOS CASTANEDA

"La reputación no se construye con base en lo que HARÁS."
HENRY FORD

tas de colores y un bote especial para plumas. ¡Incluso vaciaré el basurero una vez a la semana!". Ahora estás en una misión más importante que los utensilios de papelería: ¡estás creando el lugar de trabajo más limpio del mundo! A medianoche has encontrado una docena de lápices, pero, ¿a quién le importa? Te estás divirtiendo como nunca con la aspiradora.

Es el *principio de la oficina limpia* y se aplica a elaborar reportes, cavar zanjas, pagar impuestos o lavar el auto. El entusiasmo por hacer las cosas viene *después* de que se comienza. Te zambulles y *entonces* sientes energía y emoción.

A menudo cometemos el error de pensar: "Cuando tenga energía, empezaré a correr todas las mañanas". ¡No! Empieza primero. "Cuando sienta ánimo, haré la tarea". Error. "Cuando tenga energía, echaré a andar mi propio negocio!" ¡No!

La energía y el entusiasmo llegan *después* de empezar. La energía es *resultado* de tus acciones. El secreto está en *comenzar.*

Algo más acerca de comenzar: ¡nunca estarás totalmente listo para nada! Por ejemplo, para hablar en público. ¿Alguna vez has estado cien por ciento preparado para un discurso? No. No importa cuántas veces lo rescribas, no importa cuánto tiempo dediques a aprenderlo, siempre te dirás: "Si tan sólo tuviera un poco más de tiempo...". Piensa en el matrimonio. ¿En algún momento estás listo para llegar al altar? ¿Estás completamente preparado para lo que viene después? Es improbable. Te preparas lo mejor que puedes, tomas aire y saltas.

"Si me garantizas que tendré éxito", dice Fred, "entonces comenzaré." No, Fred. Te comprometes a hacer algo, te preparas lo mejor que puedes y *comienzas, sin respuestas ni garantías.*

> SABIDURÍA AL MINUTO
> La motivación es resultado de **hacer** las cosas, no de pensar en hacerlas. La acción genera entusiasmo y revela las oportunidades. **Zambúllete.**

Habla en serio

Todos los motivadores y psicólogos dicen que debes "creer en ti". Eso tiene sentido. Pero para *creer en ti,* primero debes *creerte.*

Hay muchas personas que no cumplen sus promesas y compromisos. Dicen que harán algo y no lo hacen. Prometen ayudarte y salen a pescar. Prometen pagar sus deudas, ¡y abandonan el país! Y luego preguntan por qué sus vidas no funcionan,

Comprométete sólo si estás seguro de cumplir. Si es necesario, haz menos promesas y menos compromisos, pero *lo que prometas hacer, hazlo.* Gradualmente, tus palabras se convertirán en ley para ti: sólo así lograrás creerte.

La valentía

> "La comodidad comienza como sirviente y se convierte en amo."
>
> KAHLIL GIBRAN

Nos gustan las canciones acerca de cantar bajo la lluvia, pero cuando nos mojamos en la vida real, nos quejamos. Nos encanta ver a Indiana Jones vadeando hasta las rodillas entre víboras y arañas, pero si en la oficina falla el aire acondicionado, explotamos. Tal vez si tuviéramos menos aventuras en nuestros reproductores de video, buscaríamos más de ellas en la vida cotidiana.

"Sentirse cómodo" está sobrevalorado. No me refiero a comodidad de dinero sino a comodidad de situación. Gran parte del estrés que sufrimos es resultado de nuestra adicción a la comodidad: los aviones siempre deben ser *puntuales,* la carga de trabajo siempre debe ser fácil, el saldo bancario siempre debe ser *cómodo.*

Demasiada comodidad resulta aburrida. ¡Nuestros cerebros se entumecen! Mientras menos reglas establezcas acerca de cómo debe ser la vida y cómo debes sentirte, más sencillo te será responder a lo que ocurra.

Cualquiera que sea el sueño que persigas, a veces te sentirás incómodo: te rechazarán y criticarán, te quedarás sin dinero y te sentirás exhausto. Cuando enfrentes la adversidad, considérala parte del proceso. Admírala. Interésate en ella. Disfrútala. Encuentra el lado divertido de estar en un predicamento.

Algo más acerca de la comodidad. Notarás que, con frecuencia, la *valentía* recibe más recompensas que el IQ, lo cual irrita a algunas personas. "Soy muy inteligente y tengo dos licenciaturas", dice Fred. "¡No puedo creer que personas menos inteligentes tengan mejores empleos y ganen más dinero!" En general, las recompensas llegan cuando arriesgamos nuestra reputación o nuestro dinero, o ambos.

> ### Sabiduría al minuto
>
> Valentía no es la ausencia de miedo; es la determinación de actuar a pesar de él. Quienes corren **grandes riesgos** tienen tanto miedo como quienes no hacen **nada** con sus vidas. Sin embargo, a estos últimos les asusta enfrentar **cosas insignificantes**. ¿Por qué no asustarnos por algo que valga la pena?

"¿Has aprendido lecciones sólo de quienes te admiraron y fueron cariñosos contigo?
¿No has aprendido grandes lecciones de quienes te rechazan y se arman contra ti?"

Walt Whitman

Estamos tentados a rodearmos de amigos y colegas que nos dicen lo que queremos escuchar. Así, cuando surgen problemas tenemos a quien nos diga: "¡No es tu culpa!". Vale la pena tener cerca a gente que nos desafíe, aunque es menos cómodo.

Adopta una postura

"Si crees que te están timando,
¡lo más probable es que tengas razón!".

Chin-Ning Chu

"Escuchar a tu corazón" no significa ser *endeble.* El mundo es un lugar difícil y las leyes de la naturaleza son rígidas. El becerro débil es alimento de los zorros. ¡Las personas débiles también pueden ser presa! Si eres débil serás blanco fácil para los zorros: te acecharán y atacarán.

Había una vez un sapo que estaba sentado junto a un riachuelo. Entonces pasó un escorpión y dijo:

—Señor sapo, me gustaría cruzar el riachuelo pero soy un escorpión y no sé nadar. ¿Sería tan amable de cargarme en su espalda y llevarme al otro lado?

—Pero usted es un escorpión y los escorpiones pican a los sapos.

—¿Por qué habría de picarlo? ¡Quiero cruzar al otro lado!

—Muy bien. Suba a mi espalda y lo llevaré.

Cuando iban a mitad del riachuelo, el escorpión picó al sapo. Retorciéndose, dijo al escorpión con su último aliento:

—¿Por qué hizo eso? ¡Ahora ambos nos ahogaremos!

—Porque soy un escorpión, ¡y *los escorpiones pican a los sapos!*

¡Cuídate de los escorpiones! Hay personas dispuestas a ahogarse con tal de hundirte.

Hay personas que debemos evitar. A veces hay que fajarse los pantalones y luchar. ¿Cuándo debes adoptar una actitud firme? Sólo pregúntate: "¿Creo que esto es justo?". Entonces decide tu actitud sin preocuparte por agradar a los demás o dar una buena impresión.

Si intentas agradar a todos o que estén de acuerdo contigo, terminarás agotado y, al final, *no agradarás a nadie ni sabrás quién eres.*

En última instancia, sólo puedes confiar en tu guía interior. En otras palabras, escucha a tu corazón.

Prueba algo diferente

Si sigues haciendo lo mismo de siempre, obtendrás lo mismo de siempre.

Pregunta a personas "valientes" cómo reunieron el valor para dejar empleos, echar a andar negocios, comprar bienes raíces, mudarse a otro país, hacer *cualquier cosa* diferente, y encontrarás un común denominador.

Se plantearon la pregunta: "SI OCURRIERA LO PEOR, ¿PODRÍA AFRONTAR LAS CONSECUENCIAS?". Cuando la respuesta es "Sí", se zambullen. Es el secreto de los riesgos grandes y pequeños.

EJEMPLO: Ted no se decide a comprar un apartamento, y se pregunta: "¿Qué es lo peor que podría pasar?".

Respuesta: "Podría perder mi empleo y verme obligado a vender el apartamento y salir perdiendo. Podría perder mis ahorros y tendría que empezar de nuevo". Entonces se dice: "Comenzar de nuevo sería frustrante pero podría afrontarlo". Y compra el apartamento.

EJEMPLO: Ian quiere invitar a Jane a salir, y se pregunta: "¿Qué es lo peor que podría pasar?".

Respuesta: "Podría lanzarme su bebida en la cara". Ian piensa: "¡Estoy acostumbrado a ese trato! ¡La invitaré!".

EJEMPLO: Louise quiere dejar la medicina para estudiar arqueología, y se pregunta: "¿Qué es lo peor que podría pasar?".

Respuesta: "Mi padre podría colgarse de la lámpara, mis amigos podrían decir que estoy loca, yo tendría que esforzarme al doble en mis estudios. Louise piensa: "Si ocurriera lo peor, podría sobrevivir".

SABIDURÍA AL MINUTO

La pregunta: "¿Qué es lo peor que podría ocurrir?", no constituye una postura negativa. Es una manera de medir nuestro compromiso. Si conviertes esos temores ambiguos en posibilidades específicas, los riesgos te resultarán más divertidos.

El secreto del poder

"Cuando el arquero dispara sin blanco fijo,
goza de todas sus facultades.
Si apunta a una hebilla metálica,
ya se siente nervioso...
El premio lo fragmenta.
Le preocupa.
Piensa más en ganar
que en disparar
y la necesidad de ganar
consume su poder."
CHUANG TZU

Si alguna vez has bateado un *home run* o metido un gol, sabrás que el deporte es mucho más que un juego. Y sabrás por qué hombres hechos y derechos —contadores, choferes, cirujanos y cajeros— pasan sus fines de semana jugando a la pelota bajo el sol ardiente o la lluvia implacable. En las mesas de ping pong, canchas de bádminton o pendientes para esquiar puedes aprender las leyes de la vida. Además de recrearnos, los deportes nos muestran nuestro poder personal. Esto es algo de lo que aprendemos:

Vive el momento. Existe el peligro de pensar demasiado. Nuestros mejores lanzamientos los hacemos cuando nos olvidamos del marcador. Mientras menos te preocupes por ganar y por lo que piensen los demás, mejor será tu desempeño.

De nada sirve forzar las cosas. El poder auténtico se manifiesta cuando estás relajado. ¡Intenta lanzar una pelota de golf a través del *fairway* usando la fuerza bruta! Eres más poderoso cuando no intentas demostrar que lo eres. Lo mismo ocurre en la administración de personal.

No pierdas los estribos. Es inútil enojarse. ¿Has visto alguna vez a un golfista enojado? Está frito. ¿Y a los boxeadores y pilotos de autos de carreras enfurecidos? ¡Están muertos! Lo mismo puede decirse de padres y maestros.

No odies a tu oponente; ¡optimiza tu desempeño! El odio a las cosas y las personas consume tu energía y te distrae de lo que debes hacer.

Si crees que el mundo está en tu contra, lo está. Culpar a los demás no funciona. Si decides que todo está mal, que los árbitros, el viento y la pelota sólo buscan arruinar tu vida, así será. Los atletas exitosos son como cualquier persona eficaz: asumen toda la responsabilidad. No culpan a sus madres.

Un desempeño extraordinario es resultado de un compromiso extraordinario.

Los individuos poco observadores creen que Michael Jordan o Steffi Graf simplemente nacieron con más talento. Pero hay muchas personas que nacen con grandes dones. Un análisis cuidadoso revela que las estrellas exigen más de sí mismas que los demás.

En el deporte y en la vida, debes concentrarte en lo que quieres. Cuando piensas en lo que *no* quieres que ocurra —una doble falta, un *slice* al obstáculo de agua, una atrapada fallida— ¡ocurre! ¿Por qué? La mente trabaja con imágenes. Si te dices: "No lances la pelota a la red", tu mente crea una imagen del tiro errado. Entonces trabaja con la única imagen mental que tiene: la pelota en la red. ¡Y haces que ocurra!

El temor es un asesino, no sólo en deportes sino en entrevistas de trabajo, discursos y cualquier actividad que quieras hacer bien. Cuando te concentras en lo que temes y creas esas imágenes funestas en tu mente, preparas el escenario para un desastre. Concéntrate en lo que quieres.

Todos los niños deberían tener la oportunidad de practicar algún deporte, no por los trofeos que puedan ganar sino por las lecciones que aprenderán. Una de las más importantes es ésta: **no importa dónde empiezas sino dónde terminas**.

¿Por qué tú no?

"Cuando era joven pensaba que quienes estaban en la cima comprendían realmente la situación, ya fueran cardenales, obispos, generales, políticos o empresarios. Ellos *sabían*. Bien, ahora estoy en la cima y sé que no saben."

DAVID MAHONEY

Cuando era niño solíamos visitar a unos amigos de la familia, los Zerner. Siempre tenían Coca-Cola en su refrigerador. (Mamá decía que porque eran ricos. En casa bebíamos agua.) Yo pensé que quien tenía Coca-Cola en casa ya "la había hecho". Y llegó el día en que tuvimos esa bebida en casa. Sólo entonces comprendí que la Coca-Cola no te convierte en superestrella.

Durante una época creí que quienes vestían de traje en verdad "la habían hecho". Papá sólo usaba traje para los funerales, pero pensé que eso no contaba. Poco a poco me di cuenta de que un traje no te convierte en genio.

A los doce años quería ser Primer Ministro de Australia. "¡Los Primeros Ministros saben todo!" Esa idea cayó por su propio peso.

Antes de empezar a escribir libros, pensaba que los escritores debían poseer toda la información.

Quizá alguna vez hayas pensado lo mismo, que hay expertos dueños de todas las respuestas. *No es así.* Las personas exitosas no son superhombres. Tienen un cerebro, 24 horas al día y, generalmente, un par de brazos y piernas. Han desarrollado habilidades y disciplinas y las han llevado al mercado. Tú puedes desarrollar habilidades y disciplinas propias y llevarlas al mercado.

> ### SABIDURÍA AL MINUTO
> Nadie nace con un permiso especial para triunfar. Dios no bajará de una nube para decirte: "¡Ahora es tu turno!" Él no dice: "Tú sí puedes" o "Tú no puedes". ¡TÚ LO DICES!

Cuando el alumno esté listo...

Cuando el alumno esté listo, el maestro aparecerá
Cuando estás plenamente comprometido a cambiar tu vida o alcanzar un objetivo, los medios para lograrlo se presentan por sí solos: aparecen personas, tus amigos te prestan libros, los anuncios te asaltan en la calle, te encuentras en el lugar adecuado en el momento justo...

¿Es simplemente que tenemos más *conciencia* de las oportunidades o que las *atraemos*? Las dos cosas.

Recuerdo que el 19 de octubre de 1983 tomé la decisión de hacer lo que fuera necesario para ser más feliz de lo que había sido los primeros 25 años de mi vida. Tres días después, sin motivo alguno, sintonicé una estación de radio que nunca escuchaba y oí de un seminario que estaba en puerta. Asistí al curso, el cual constituyó un momento decisivo en mi vida.

Mi experiencia no es infrecuente; de hecho, es lo más común. La clave está en el compromiso. Comprometerse no significa desear algo; es una decisión que tomamos en lo profundo de hacer todo lo que sea necesario.

SABIDURÍA AL MINUTO

UNA VEZ QUE TOMAMOS LA DECISIÓN DE HACER ALGO, LOS MEDIOS PARA LLEVARLO A CABO APARECEN. Podemos pensar que estos golpes de suerte son meras coincidencias, pero si observamos con atención comprobaremos que ocurren con regularidad.

8

SI COMBATES CON LA VIDA, ELLA SIEMPRE VENCERÁ

Si deseas mayor tranquilidad, deja de calificar todo lo que ocurre como "bueno" o "malo".

"No puedo evitarlo. ¡Vengo de una familia de preocupones!"

La suerte
Los pensamientos
La tranquilidad
El panorama completo

La suerte

Hubo una vez un granjero que tenía un hijo y un caballo. Cierto día, el caballo escapó y todos los vecinos acudieron a consolar al granjero diciéndole: "¡Qué mala suerte que tu caballo haya escapado!".

El hombre contestó: "¡Quién sabe si es mala o buena suerte!".

"¡Por supuesto que es mala suerte!", decían los vecinos.

Al cabo de una semana, el caballo del granjero volvió a casa seguido por veinte caballos salvajes. Los vecinos acudieron a celebrar y dijeron: "¡Qué buena suerte que tu caballo haya vuelto, con veinte más!".

Y el hombre respondió: "¡Quién sabe si es buena o mala suerte!".

Al día siguiente el hijo del granjero cabalgaba entre los caballos salvajes, cayó y se rompió una pierna. Los vecinos acudieron a consolar al granjero: "¡Qué mala suerte!".

Y éste les dijo: "¡Quién sabe si es mala o buena suerte!".

Algunos vecinos se indignaron y dijeron: "¡Claro que es mala suerte, viejo loco!".

Una semana después llegó al pueblo un ejército que enlistó a todos los jóvenes sanos para pelear en tierras lejanas. El hijo del granjero fue rechazado a causa de su pierna fracturada. Todos los vecinos acudieron a celebrar y dijeron: "¡Qué buena suerte que rechazaron a tu hijo!".

Y el granjero dijo: "¡Quién sabe!".

Podemos pasar la vida entera clasificando todo: "Esto es bueno, aquello es malo...", pero es una pérdida de tiempo. Etiquetamos los sucesos como "tragedias" cuando sólo vemos una parte del panorama.

Mientras *creas* que todo está mal, todo seguirá mal. Mientras vayas por la vida pateando y gritando, nada funcionará. Pero tan pronto cambies tu perspectiva, *todo* cambiará.

Llegas tarde para abordar un avión y dices: "Esto es terrible. Tengo prisa. Me están esperando. Debo tomar ese vuelo". Mientras sigas con ese patrón de pensamiento, la gente seguirá tropezando contigo, derramando su café sobre ti y perdiendo tu equipaje. SI COMBATES CON LA VIDA, ELLA SIEMPRE VENCERÁ.

Las cosas mejorarán tan pronto digas: "Los accidentes no existen. Estoy justo donde debo estar". Te encuentras con un viejo amigo, conoces a uno nuevo, tienes tiempo para leer un libro y la vida empieza a mejorar.

La perspectiva lógica no siempre funciona. Solicitas un empleo y te rechazan. Si piensas: "Ése era *mi* empleo. Cumplía los requisitos y tenía la experiencia necesaria. Ahora mi vida es un desastre", puedes convertirte en una ruina. Puedes ser una ruina por una semana o, si quieres, por toda la vida. Puedes argumentar con un razonamiento perfectamente lógico, y tal vez tu argumento funcione, pero tu vida no. ¿Por qué? ¡Porque la vida no es lógica!

Si deseas mayor tranquilidad, deja de etiquetar todo lo que ocurre como bueno o malo. En su libro *The Frogship Perspective,* Dean Black relata dos historias verdaderas:[2]

"Una estrella del baloncesto, de dieciséis años de edad, pierde ambas piernas en un accidente en una granja."

"Un hombre de mediana edad, ciego de nacimiento, consigue ver."

El jugador de baloncesto, Curt Brinkman, se convierte en un destacado atleta en silla de ruedas. En una entrevista, Curt afirma: "Prefiero mi situación actual a mis piernas. No sé qué sería de mí si aún las tuviera. Sé qué he hecho y sé qué quiero hacer, y eso me emociona. No lo cambiaría por nada".

En cuanto al hombre de 52 años que pudo ver gracias a una cirugía, el psicólogo Richard Gregory dice: "Mientras fue ciego se las arregló bastante bien, pero cuando pudo ver, sus logros previos le parecieron triviales, y su situación, casi ridícula".

A este hombre, la vista le produjo una gran decepción y murió deprimido al cabo de un año.

Los pensamientos

Dicho de la manera más sencilla, podemos ver el mundo de dos formas:

⊖ El mundo es un desastre.

⊖ El mundo está bien como es.

"EL MUNDO ES UN DESASTRE"

Se pierde mucha energía en buscar defectos y lamentarse porque hay gente que engaña y roba, es perezosa, come mucho, gasta demasiado y degusta caviar mientras otros comen frijoles. Además, criticar hace que te sientas desdichado.

Podemos pensar en la hambruna de Calcuta y decir: "Todo está mal". Ésa puede ser una excusa para no hacernos responsables de nuestra propia vida. Si eres hindú o vives en Calcuta ayudando a los hindúes, tal vez esa posición sea comprensible. Pero juzgar a distancia situaciones que no comprendemos cabalmente no sirve de nada. Si tienes intenciones humanitarias y actúas en consecuencia, eso es asunto aparte. Pero lamentarse no ayuda en nada. Las Madres Teresas del mundo no se lamentan: actúan.

"EL MUNDO ESTÁ BIEN COMO ES"

La alternativa es aceptar el mundo como es. Tal vez preguntes: "¿Qué te hace pensar que el mundo está bien?" ¡Que es como es! La luna gira alrededor de la Tierra y la Tierra alrededor del Sol, las rosas florecen, las aves cantan, la gente se casa (y se divorcia), los vecinos pelean. Todo es parte del gran plan del universo.

Decir: "No deberían existir las enfermedades ni la mentira", es como decir: "¡El Sol es demasiado grande!". Las cosas funcionan como son.

"No estaré satisfecha hasta que haya paz en el mundo", dice Mary. Esta posición puede parecer noble, ¡pero no es muy inteligente! Mejor sé feliz en tanto eso ocurre y trabaja para que tu rinconcito del mundo sea pacífico. Aceptar el mundo como es no excluye que asumas tu responsabilidad para mejorar las cosas.

Si no fuera por esto, ¡yo sería feliz!

Un empresario retirado me dijo: "Yo solía preocuparme por acaparamientos millonarios, pero ahora me estresan las ventanas sucias y el césped sin cortar". Y agregó: "Hoy que tengo menos preocupaciones serias, me inquietan cosas insignificantes".

Es cierto. Siempre *buscamos* de qué preocuparnos. Imagina que vas en un vuelo de doce horas de duración. Acabas de despegar y deseas relajarte e incluso dormir un poco. Entonces lo notas. El pasajero de al lado se sorbe la nariz, y lo hace puntualmente cada seis segundos: uno, dos, tres, cuatro, cinco, *snif;* uno, dos, tres, cuatro, cinco, *snif...* "¡Oh, no!", piensas, "¡este tipo es un metrónomo sorbedor! Si no tuviera que soportarlo, ¡sería feliz!"

Entonces sacas tu calculadora: "Diez sorbos por minuto multiplicados por... son siete mil doscientos sorbos de aquí a Frankfurt. ¡Ésta podría ser la peor noche de mi vida!".

Hasta ese momento no habías reparado en el bebé que dormía detrás de ti, pero para entonces está bien despierto y ejercitando sus pulmones. Los llantos sin fin son tan difíciles de ignorar como los vuelos interminables. Entonces te dices: "¡Y yo que me preocupaba por 'Sorbitos'! Puedo tolerar malos modales, pero no niños aulladores. ¡Me sobran razones para estar molesto!".

Más o menos en ese momento, las cosas empeoran. Sin previo aviso, tu avión se sacude y cae en picada. Sientes que la sangre escapa de tu rostro y tu estómago se aloja en tu garganta. Todo mundo está gritando. Mientras alcanzas tu chaleco salvavidas, haces un pacto con Dios: "Sálvame de esta caída y no volveré a molestarme con quienes se sorben la nariz. Toleraré de buen grado a los niños llorones durante todo el trayecto hasta Europa".

El avión se endereza y recupera altura. El capitán ofrece disculpas por las molestias ocasionadas por la turbulencia. El bebé deja de llorar y Sorbitos se duerme. Tú resuelves tu crucigrama en santa paz y entonces... ¡adivinaste! Sorbitos empieza a roncar. "¡Oh, no! Si no tuviera que soportar esto, ¡sería feliz!"

La vida es así: tenemos una jerarquía de preocupaciones y nos preocupamos por las cosas más importantes. Si tenemos una pierna fracturada no nos preocupamos por un dolor de cabeza... hasta que la pierna sana. Los cónyuges que roncan sólo nos molestan hasta que la habitación se prende en llamas.

Entonces, ¿cómo evitar enojarnos? Debemos reconocer que el estrés es resultado de ciertas reglas en nuestra cabeza. Tan pronto somos más flexibles o desechamos esas reglas por completo, dejamos de molestarnos cuando el mundo real las ignora.

Podemos tomar una decisión consciente: "Nadie arruinará mi día", y hacer un pacto con nosotros mismos: "Ningún cajero arrogante, guardacoches, policía de tránsito, ni mesero con una papa frita en el hombro, arruinará mis 24 horas". Recordamos que en el contexto de la situación mundial, una confrontación con un cajero no es tan dramática.

> SABIDURÍA AL MINUTO
>
> Hay opciones para el enojo. Puedes sentir admiración o divertirte. Mientras menos reglas tengas sobre cómo debería ser la vida y cómo deberían comportarse los demás, más fácil te será ser feliz.

¿Por qué debo aprender a controlar mis pensamientos?

Por dos razones:

⊖ El entorno, el clima y lo que opinan los demás escapan a tu control. La única cosa que controlas plenamente —y la más importante— son tus pensamientos.

⊖ ¡Las cosas externas no nos dan felicidad!

"Si tuviera 'X', ¡sería feliz!" Falso. Sería feliz unas 24 horas y luego encontraría algo más de qué quejarme. Rezo por un Porsche nuevo y me cae uno del cielo. Estoy extasiado. Manejo al supermercado donde unos niños lo rayan con un carrito de compras. Entonces digo: *"¡No seré feliz mientras no atrape a esos pequeños vándalos!"*.

Recuerda un suceso de la semana pasada que te haya perturbado: un auto se te atravesó, tu novio olvidó tu cumpleaños, te robaron la cartera. Date cuenta de que lo perturbador no fue el suceso sino tus pensamientos acerca de él. Tal vez pienses que *todos* se habrían molestado, pero no es así. *La mayoría* se hubiera molestado. Toda nuestra vida hemos estado condicionados a pensar de cierta manera acerca de las cosas. Son estos pensamientos los que nos hacen sentir desdichados, pero los pensamientos pueden cambiarse.

> ### Sabiduría al minuto
> Para mejorar tu calidad de vida debes analizar tus pensamientos. Los pensamientos influyen en tus sentimientos.

La tranquilidad

¿Para qué quiero paz?

La mayoría de las personas afirma que desea más amor en su vida, pero, ¿por qué esforzarse en alcanzar la tranquilidad? Porque EL AMOR Y LA TRANQUILIDAD SON INSEPARABLES. El amor no es una emoción. Amar no es "poseer" un novio o una novia. Amar es experimentar sin juzgar. Si buscas amor encontrarás más paz, y si buscas paz encontrarás más amor.

Paz no significa Valium. Paz significa *equilibrio*.

La primera lección en artes marciales es la del equilibrio. En karate aprendes que tu poder depende del equilibrio y la serenidad mental. Si te emocionas demasiado estarás muerto. Los golfistas saben del equilibrio. En el *tee,* los golpes frenéticos valen cero. En cambio, si te relajas, sientes tu poder y eliminas el parloteo de tu cabeza, ¡lotería! Todo va de la mano.

El equilibrio, o tranquilidad, es tu fuente de poder. Tranquilidad no significa adormecimiento. Significa alinearse con las fuerzas en vez de combatirlas; significa ver el panorama completo y no perderse en los detalles.

TAN PRONTO ACABE DE PAGAR EL AUTO ME SENTIRÉ MÁS TRANQUILO

"Primero saldaré las cuentas", dice Fred, "y *entonces* buscaré un poco de paz." Suena bien en teoría pero los resultados suelen ser decepcionantes. Esto es porque nuestra misión principal en la vida no es saldar la hipoteca ni agrandar la piscina.

Estamos aquí para ayudarnos mutuamente. Por ello, el universo nos ofrece las siguientes señales:

⊖ NOS SENTIMOS MÁS FELICES CUANDO AYUDAMOS A LOS DEMÁS.

⊖ NOS SENTIMOS MÁS SOLOS CUANDO NUESTRO OBJETIVO PRINCIPAL ES NUESTRA SEGURIDAD PERSONAL.

Y si lo que deseas en esta vida es seguridad absoluta, te equivocaste de planeta.

"Si logro comprar una casita en los suburbios y ahorrar para mi retiro", dice Fred, "entonces estaré seguro." ¡Cómo no! Díselo a un vehículo fuera de control en un crucero. Tu única seguridad está en ti; la seguridad de cualquier otra cosa es un mito. Los bancos se van a la quiebra, las empresas desaparecen, los aviones se desploman.

Entonces, ¿cómo enfrentas la incertidumbre de la vida? Acéptala. Disfrútala. Piensa: "Parte de lo divertido de estar aquí es saber que podría suceder cualquier cosa". Establece un acuerdo contigo: "Pase lo que pase, sabré manejarlo". Enfrenta al temor cara a cara: "Si mi casa se incendia, me mudaré. Si me despiden, ¡renunciaré! Si me arrolla un autobús, ¿qué más puede preocuparme?". Punto.

No soy frívolo; soy realista. La Tierra es un lugar peligroso. ¡Las personas mueren por montones! Eso no significa que debamos vivir como conejos asustados.

Entonces, ¿cómo alcanzo la tranquilidad?

En parte con actitud y en parte adquiriendo el hábito de apaciguar la mente.

Las personas tranquilas tienen algo en común: disciplina para mantener el equilibrio. Rezan, meditan o caminan por la playa al amanecer. Encuentran refugio y silencio. Al volverse hacia dentro logran ver hacia afuera.

Durante años impartí seminarios en los que enseñaba a relajar la mente y el cuerpo. Constantemente me sorprendían los cambios experimentados por quienes aprendían a relajarse: "Mi dolor de cabeza desapareció", "Mi dolor de espalda se esfumó", "El negocio está prosperando", "Mis hijos están más contentos", "Mi esposo se comporta mejor", "Mi golf ha mejorado". En la mayoría de los casos, los participantes no "hicieron" nada. Simplemente renunciaron a sus intentos de controlar.

En el mundo occidental se nos enseña a "hacer" las cosas. No me opongo a eso, pero antes de *hacer algo* debemos dejar de *combatir con todo*. Crecemos creyendo en la lucha. Aprendemos a forzar las cosas y presionar a las personas. Con ello nos agotamos y echamos todo a perder.

Aprendí esto de la peor manera. Cuando me propuse ser pintor decidí que nada se interpondría en mi camino. Mi receta era: "pinta diez horas al día, siete días de la semana, y si eso no funciona, pinta toda la noche". Hice algunas pinturas espantosas. Cuando empecé a sentirme agotado y frustrado, me di cuenta que la desesperación no sirve de nada.

La vida será una lucha mientras pienses que lo es, pero hay algo que se llama "dejar que las cosas sigan su curso".

Un joven recorrió Japón buscando a un gran maestro de artes marciales. Cuando por fin halló al *sensei*, le dijo:

—Quiero ser el mejor del país. ¿Cuánto tardaré?

—Diez años —respondió el maestro.

—Maestro, soy muy dedicado: trabajaré día y noche. ¿Cuánto tiempo tardaré?

—¡Veinte años!

CONCIENCIA PLENA

Todos sabemos cuán difícil es vivir en el presente; perdemos mucho tiempo lamentándonos por el pasado o temiendo el futuro.

Vivir en el momento es como caminar en la cuerda floja: estás destinado a caer, pero con práctica logras mantener el equilibrio más y más tiempo. He aquí dos estrategias para mantener tu cabeza en el presente:

⊖ TOMA TODO EL TIEMPO QUE NECESITES PARA HACER TODO LO QUE HAGAS

Rehúsate a vivir con prisas. Si tu sistema de creencias dice: "Nunca hay tiempo suficiente", adivina qué. *Nunca habrá tiempo suficiente.* Corremos para alcanzar el autobús, corremos para alcanzar el elevador, comemos entre llamadas telefónicas.

Hagas lo que hagas, piensa: "Mientras escribo esta carta (plancho esta camisa, levanto estas pesas), toda mi atención está en lo que hago. *Tardará lo que deba tardar.* Me niego a apresurarme".

⊖ PRACTICA LA "CONCIENCIA CANINA"

Saca a tu perro a pasear y notarás algo. Los perros advierten *todo:* cada arbusto, cada flor, cada hierba y cada hidrante. Lleva al mismo perro por el mismo andador cuantas veces quieras y siempre será una experiencia novedosa para él. Los perros viven en el presente.

Cuando practicamos la "conciencia canina" descubrimos que nuestra mente suele estar en otra parte. Intenta saborear cada bocado mientras comes. Habla con un amigo y escucha con atención cada una de sus palabras. Pon una canción y escucha cada nota. Da un paseo y observa cada árbol. Poco a poco irás haciéndolo mejor.

Piensa: "TENGO TIEMPO DE SOBRA". Una afirmación repetida una y otra vez se convierte en parte de nuestro subconsciente. Cuando te sientas presionado, recuerda: "Tengo tiempo de sobra".

Los místicos sufis dicen que *nacemos dormidos, vivimos la vida dormidos y debemos morir antes de despertar.* Creo que se refieren a nuestra conciencia. Muchas veces actuamos por inercia mientras nuestra mente ha salido a almorzar.

Mientras más tiempo permanezcas en la cuerda floja, mejor será tu vida.

¿Por qué relajarse?

En casi todo lo que hacemos perseguimos un resultado, pero con relajación, meditación y oración es distinto. En ellas no se pueden perseguir resultados. Puedes saber que hay beneficios en el largo plazo, pero tu atención debe permanecer en el presente. *El acto es su propia recompensa.* Por una vez, no estas tratando de "obtener" algo, estás *siendo* en vez de *haciendo.*

141

Luego de practicar la relajación profunda por un tiempo, notarás que la tranquilidad que alcanzas se propaga a tu vida cotidiana. Te vuelves mas relajado e intuitivo. Es como cuando sumergimos una tela en agua perfumada: por cada vez que lo hacemos el perfume permanece más tiempo. Todos tenemos acceso a una voz interior muy sutil. Cuando estamos atareados no la escuchamos. Cuando serenamos lo que ocurre en el exterior podemos escuchar el interior. Nuestra intuición siempre está ahí pero a menudo no la escuchamos.

Las investigaciones confirman una y otra vez que la tranquilidad mental es buena para la salud. En un estudio, los equipos de investigación de dos prestigiadas universidades examinaron a 73 ancianos que vivían en asilos. Un grupo no recibió ningún tratamiento especial; a otro se le pidió meditar diariamente. Al cabo de cuatro años, una cuarta parte de quienes no meditaban habían muerto. Todos los que meditaban seguían con vida.[3]

En 1978, Robert Keith Wallace concluyó una investigación que duró diez años sobre personas que practicaban la meditación. En ella determinaba la edad biológica de los sujetos con base en tres variables: presión arterial, audición y visión cerca-

"Compra plata, vende oro, reserva mi vuelo a Frankfurt y di a Henderson que está despedido..."

na. Wallace descubrió que quienes habían meditado cinco años o menos eran en promedio cinco años más jóvenes biológicamente, y quienes habían meditado más de cinco años eran en promedio doce años más jóvenes biológicamente. En otras palabras, las personas de 64 años tenían cuerpos de 48.

He comprobado que cuando dedico tiempo a relajarme, meditar o rezar, me siento más equilibrado y ecuánime. Si empiezo a ser complaciente y dejo la oración y la meditación, de nuevo me siento estresado, frustrado y pierdo la calma. Tan pronto restablezco mi rutina de relajación, la vida vuelve a desarrollarse sin problemas.

Muchas personas atareadas pasan por este ciclo. La moraleja es: *Si no tienes tiempo para relajarte, con mayor razón debes hacerlo.* Uno pensaría que aprendemos la lección, pero no es así.

Resulta claro que la relajación produce bienestar, pero ofrece otros beneficios. *Atraemos a personas que se sienten de manera similar a nosotros.* Cuando nos sentimos tranquilos, atraemos personas y situaciones tranquilas. A los malhumorados les parece que las personas tranquilas son un tanto peculiares y se ven obligados a buscar pelea en otra parte. Si eres relativamente tranquilo y convives con personas malhumoradas, ¡normalmente seguirán tu ejemplo y se comportarán mejor!

Si deseas aprender técnicas de relajación o meditación, hay muchos libros y grupos que pueden ayudarte a desarrollar la disciplina que te interese.

Consejos para practicar relajación o meditación

⊖ LA SANACIÓN OCURRE DÍA CON DÍA. Por ello, procura practicar diariamente a la misma hora. El mejor momento es la madrugada, pues evitas distracciones y te preparas para el día.

⊖ PRACTÍCALAS SENTADO. Si te acuestas te dormirás.

⊖ SI NO TIENES TIEMPO PARA RELAJARTE, ¡HAZLO DE TODAS MANERAS! La meditación reditúa más tiempo del que toma. Así como los autos necesitan un ajuste regular, dedica veinte minutos diarios a mejorar tu eficiencia.

Y CUANDO LA GENTE ES INSOPORTABLE...

Intenta lo siguiente: cada vez que te enfrasques en discusiones o tengas problemas graves con tu jefe, cónyuge o suegros, apártate. Siéntate a solas. Relájate. Siente aceptación por ellos. Imagina una manera de proyectarles amor. Si está técnica te parece radical o *new age,* practícala de todas maneras. No intentes comprenderla, sólo úsala. Muchas personas lo hacen. Te sorprenderán los resultados.

SABIDURÍA AL MINUTO

Empieza cada día con la intención de permanecer equilibrado y tranquilo. Unos días lograrás mantenerte así hasta la hora de dormir; otros, no llegarás en paz ni al final del desayuno. Si la tranquilidad se convierte en tu meta diaria, cada día lo harás mejor.

¡Date un respiro!

¿Has notado que cuando caminas todo el día en el campo te sientes energizado, y cuando pasas una mañana en el centro comercial sientes como si te hubiera pasado un camión encima?

Todo lo que nos rodea tiene una vibración, sea hierba, concreto, plástico o poliéster. Los bosques y jardines tienen vibraciones sanadoras: renuevan nuestra energía. Los centros comerciales o estacionamientos de concreto tiene vibraciones distintas: agotan nuestra energía. Las catedrales tienen vibraciones edificantes. Los restaurantes sucios con manteles de plástico son lugares de baja energía. De igual manera los bares llenos de humo donde los bailarines se despojan de sus prendas: te despojan de tu energía.

No hace falta ser genio para darse cuenta de que las energías sutiles que nos rodean influyen en nuestros sentimientos y salud. Cuando la energía es alta, resistimos las enfermedades y el mal humor de los demás; cuando es baja, atraemos depresión y enfermedades.

SABIDURÍA AL MINUTO

Elige cuidadosamente a dónde vas. Vale más no comer que hacerlo en ciertos restaurantes; vale más quedarse en casa que dormir en algunos hoteles. Cuídate celosamente y confía en tu intuición. Mantente alejado de lugares que consumen tu energía. Cuando un sitio te dé mala espina, ¡sigue caminando!

¡Date un poco de espacio!

No es coincidencia que muchas culturas del mundo concedan un lugar privilegiado al tiempo que estamos solos.

Durante la adolescencia, el indio norteamericano y el aborigen australiano deben alejarse de su pueblo y establecerse en la cima de una montaña o caminar por los montes en busca de su propósito en la vida.

Los grandes maestros como Cristo, Buda y Mahoma encontraron inspiración en la soledad, tal como millones de monjes, místicos y buscadores que han seguido sus pasos. Todos necesitamos un lugar sagrado donde no suene el teléfono, donde no haya periódicos ni relojes, donde podamos olvidarnos del saldo bancario. Busca un rincón en tu cuarto, en un balcón o en el bosque, son nuestros lugares de contemplación y creación.

El panorama completo

> "Cuando intentamos aislar algo comprobamos que está unido al resto del universo."
>
> JOHN MUIR

Desde el siglo XVII la ciencia adoptó un enfoque newtoniano: si deseas entender algo debes dividirlo y examinar las partes. Si aún no entiendes, divídelo en partes más pequeñas: moléculas, átomos, electrones, cuarks, bozones... y finalmente comprenderás el universo. ¿En serio?

Divide un poema de Wordsworth en preposiciones y pronombres, y las palabras en letras. ¿Lo entendiste mejor? Analiza la "Mona Lisa" pincelada por pincelada.

La ciencia ha logrado maravillas pero son sólo un lado de la moneda. La ciencia disecciona. El intelecto separa las cosas, el corazón las une.

Hay preguntas que la información y la inteligencia no pueden responder. Si analizas a tus amigos perderás de vista su belleza. Si analizas y diseccionas el universo, te separas. Si te relacionas con él, puedes ver el panorama completo y te sientes más unido. Interésate y estarás conectado. Todo conectado en el cosmos. Cuando divides las cosas pierdes de vista lo escencial.

> SABIDURÍA AL MINUTO
>
> Lo contrario del análisis es la síntesis. La salud es resultado de ver las cosas como un todo: tu cuerpo como un todo, la humanidad como un todo.

La gratitud y la tranquilidad

> "Si la única oración que dices en tu vida es 'Gracias', con eso bastará."
>
> MAESTRO ECKHART

Suspende por un instante todos tus juicios sobre la vida y las personas. Imagina que despiertas mañana temprano y dices a Dios, Alá, el Gran Espíritu, Jehová, Juan o comoquiera que llames al poder universal: "Gracias por mi vida, mi familia, mi hogar, mis amigos, mi desayuno y por este nuevo día". ¿No sentirías más satisfacción que de costumbre? Y antes de que digas algo como: "Es que no conoces a mi familia", imagina que fueras capaz de sentir gratitud al día siguiente y al siguiente. ¿No te sentirías un poco más sereno?

La mayoría crecemos con la idea de que algo anda mal en nosotros. Pronto creemos que hay algo mal en nuestras familias, amantes, autos y empleos. Nos preocupamos por lo que no tenemos: "Si me mostraran algo de respeto en el trabajo, si tuviera un Mercedes Benz...". No sorprende que la tranquilidad sea tan elusiva.

Siempre que sentimos gratitud por algo nos tranquilizamos. Cada vez que decimos "gracias" estamos afirmando: "Acepto lo que tengo y el lugar donde estoy. Estoy aprendiendo lo que necesito aprender".

LA TRANQUILIDAD ES RESULTADO DE CONCENTRARNOS EN LO QUE TENEMOS, NO EN LO QUE NOS FALTA. Cuando aceptamos nuestra vida comprobamos que todo en ella es para nuestro provecho.

SABIDURÍA AL MINUTO

Si en verdad te interesa la tranquilidad, debes adquirir el sentido de la gratitud. He aquí el meollo: si quieres ser agradecido, despierta con gratitud. Si dices: **"Cuando mi vida mejore seré agradecido"**, ¡nunca lo serás!

¿Y luego qué?

En un libro que habla del significado de la vida debe mencionarse la muerte. ¿No sería más justa la vida si no muriéramos? ¡Así por lo menos podríamos aprender de nuestros errores! ¿Cómo aplicar el conocimiento recién adquirido —por ejemplo, que debemos evitar los autobuses que viajan a gran velocidad— si acaba de arrollarte uno? Sería reconfortante saber que 75 años no significan el final del camino.

Einstein resulta alentador aquí. Él demostró que *la energía no se crea ni se destruye.* Por tanto, cuando morimos, algo debe ocurrir con nuestro espíritu. Claro que nuestros huesos terminarán fertilizando margaritas, pero somos más que huesos y cartílago. ¡El espíritu debe ir a alguna parte!

Las "experiencias fuera del cuerpo" también sugieren que hay algo más. Aunque tú no hayas tenido una, probablemente conozcas a alguien que sí. La tía Molly te dice: "Ahí estaba yo, en la mesa del quirófano, y de repente salí de mi cuerpo. Vi desde arriba cómo me operaban. Recuerdo todo lo que decían los médicos. ¿Puedes creerlo? ¡Hablaban de los Chicago Bulls!".

¡Somos más que cuerpos! Pero entonces, ¿qué pasa con la parte de nosotros que no es cuerpo?

Einstein y la tía Molly dan crédito a la premisa de que la vida continúa. Los pensamientos oriental y occidental coinciden en que hay más por aprender después del último suspiro. Una cosa es segura: aunque no sabemos exactamente qué hay del otro lado, la muerte es un incentivo para disfrutar la vida mientras dure. Sin duda, un sistema muy ingenioso.

El peor enfoque que puedes adoptar es: "Sufriré en esta vida pero el Cielo será mi recompensa". ¡Ése es un gran riesgo! Es mejor decir: "Sea cual sea el secreto que la eternidad tenga bajo la manga, ¡mi objetivo actual es hacer que mi vida funcione aquí y ahora!".

SABIDURÍA AL MINUTO

Cabe pensar que las cualidades y aptitudes que desarrolles en esta vida —amor, determinación, compasión, confeccionar cestería— podrás llevarlos contigo. Por tanto, lo mejor que podemos hacer es desarrollar al máximo nuestro potencial aquí y ahora, ¡y esperar que los beneficios sean transferibles!

9

¿CÓMO PUEDES AMAR A LAS PERSONAS? SIMPLEMENTE ACÉPTALAS

Aceptación plena es amor incondicional.

¿PARA QUÉ ESTAMOS AQUÍ?
EL PERDÓN
LA FAMILIA
AMOR Y TEMOR

9

¿Para qué estamos aquí?

Imagina que encuentras un cuestionario para un concurso en la caja de cereales. Entre las preguntas están: "Responde en diez palabras o menos... ¿cuál es el propósito de la vida?". ¿Qué escribirías?

¿Tener mi casa propia y atiborrarla de cosas?

¿Juntar un millón de dólares, retirarme y vivir en las Bermudas?

¿Reducir mi *handicap* de golf a una cifra?

En el fondo, todos sabemos que la vida es más que esto. Sabemos que LA GENTE ES PRIMERO, que los BMWs y zapatos Gucci son sólo accesorios. Pero a veces perdemos el rumbo y los detalles ocupan toda nuestra atención: el juego de muebles revestidos de cuero y el nuevo equipo de televisión.

¿Cuál es el tema de casi todas las canciones y películas? La preocupación por la gente. ¿Cuántas veces ha sido necesaria una tragedia para recordarnos nuestras prioridades auténticas?

Marianne Williamson destaca esto al hablar de las personas en su lecho de muerte. En esas horas finales, rodeados de sus seres queridos, ¿cuántas personas dicen: "Si tan sólo hubiera juntado otros 20 000?". Generalmente dicen cosas como: "Cuida a tu madre y a los niños...", y no "Cuida mi auto". Para responder a la pregunta para qué estamos aquí, ¿no sería lógico

pensar que "ESTAMOS AQUÍ PARA APRENDER A AMAR-
NOS UNOS A OTROS"?

En hospitales estadounidenses se han realizado estudios con
bebés recién nacidos: a los de un grupo se les carga y acaricia
tres veces al día durante diez minutos; a los del otro grupo no
se les acaricia. El primer grupo sube de peso al doble de velo-
cidad que el segundo. La ciencia médica da un nombre muy
largo para esta clase de tratamiento. Nosotros no necesitamos
palabras científicas porque *estamos hablando de amor.* El hecho
es que sin amor los bebés no crecen, y sin amor los adultos
padecen exactamente lo mismo.

He perdido la cuenta de cuántos adultos me han dicho: "Todo
lo que quise en la vida es que papá me dijera que estaba orgu-
lloso de mí. Todo lo que quise en la vida es que papá me dijera
que me amaba".

Si somos honestos, casi *todo* lo que hacemos es con el fin de
obtener más amor. Todas las personas que ves en la calle, todas
las que alguna vez han entrado en tu oficina, ansían amor y
aceptación, y algunos hacemos verdaderas locuras con tal de
obtenerlo.

¿Por qué nos preocupamos aún por esto? Porque para que
nuestras vidas funcionen necesitamos saber que estamos aquí.
Si no estás de acuerdo en que nuestra prioridad es *amarnos unos
a otros,* tal vez sientas la necesidad de clarificar qué es más
importante para ti, y ése es un paso importante.

Si estás de acuerdo, puedes valorar todo con base en el si-
guiente criterio: *"Si hago 'X', ¿traeré más amor a mi vida y la
de mi familia, amigos y vecinos?"*

Para amar a la gente no necesitamos besar a todo el que se
cruce en nuestro camino. Tampoco repartir tazones con arroz
en el Tercer Mundo. Se trata de juzgar menos a las personas,

de permitirles vestir lo que deseen, vivir como deseen y ser quienes son sin nuestras críticas.

El perdón

> "El perdón es el aroma que regala la violeta a la rueda que la ha aplastado."
>
> MARK TWAIN

Esto es lo que ocurre: creamos en nuestra cabeza reglas acerca de cómo debe comportarse la gente. Si rompe esas reglas, les guardamos rencor. Enojarnos porque la gente ignora *nuestras* reglas es absurdo.

Muchos crecemos creyendo que podemos castigar a los demás si nos rehusamos a perdonarlos: "Si no te perdono, *tú sufres*". De hecho, es *uno* el que sufre. Es uno quien siente el nudo en el estómago y no puede dormir.

"¿Cómo puede vivir con este gusano?"

La próxima vez que sientas rencor, cierra los ojos y percibe tus emociones. Siente tu cuerpo. Culpar a los demás nos hace sentir mal. La gente hace lo que hace con base en lo que sabe. Culparlos no sirve para nada, excepto para *arruinar tu vida*. Las cosas son como son. Si un huracán inunda tu sótano, no dices: "Nunca perdonaré al clima". Si una gaviota defeca sobre tu cabeza, ¿le guardas rencor? Entonces, ¿por qué guardar rencor contra las personas? Así como no podemos controlar temporales ni gaviotas, tampoco a los demás. El universo no funciona con base en culpas y resentimientos; culpa y resentimiento son invenciones nuestras.

En lo que respecta al perdón, el primer paso para lograr que tu vida funcione es perdonar a tus padres. Claro que no fueron perfectos. Pero cuando eras niño, mamá y papá no contaron con todos esos libros de divulgación sobre "paternidad exitosa", ¡y tenían muchas otras preocupaciones además de criarte! Sea lo que hayan hecho, es cosa del pasado. Cada día que te niegas a perdonar a tu madre es un voto por tu sufrimiento.

El dolor es inevitable; la desdicha es una elección

Te preguntarás: "Y si alguien hace algo horrible, ¿también debo perdonarlo?".

Tengo una amiga llamada Sandy McGregor. En enero de 1987, un joven entró a su estancia con una pistola y asesinó a sus tres hijas adolescentes. A partir del incidente, Sandy se hundió en un infierno de dolor e ira. Pocos podríamos imaginar siquiera por lo que pasó.

Con el tiempo y la ayuda de sus amigos, Sandy resolvió que la única manera de continuar su vida era liberarse de la ira y perdonar de alguna manera al agresor. Ahora, Sandy ayuda a los demás a perdonar y alcanzar la tranquilidad. Su experiencia demuestra que librarnos del resentimiento es humanamente posible aun en las circunstancias más horribles. Sandy también te dirá que renunció a su ira en beneficio *propio* y por *su propia* supervivencia.

He notado que quienes han tenido experiencias como la de Sandy se dividen, a grandes rasgos, en dos grupos: quienes quedan prisioneros de la ira y la amargura, y quienes alcanzan una profundidad y compasión fuera de lo común.

Los acontecimientos que nos transforman no suelen ser los que elegiríamos. Como dijo alguien, *siempre nos rehusamos a experimentar lo que necesitamos experimentar para ser lo que queremos ser.* Decepción, enfermedad, soledad, desesperación... todos debemos sufrirlas. Después de cualquier pérdida importante siempre viene un proceso de duelo. Pero en última instancia, lo que importa es si la experiencia te fortalece o debilita.

Para quienes enfrentamos retos menos duros que Sandy, la elección es la misma: *"¿Quieres que tu vida funcione, o no?"*.

¿Es necesario que me ame (o al menos me agrade) a mí mismo?

¡Absolutamente! Quienes no se aman, ¡son insoportables!

A muchas personas les incomoda la idea de "amarse", ¡pero esperan que sus parejas los amen! ¿No te parece ilógico que yo diga: *"No puedo amarme",* y me enojo porque mi esposa no me ama? Obviamente, para tener una relación sana debemos agradarnos/amarnos a nosotros mismos.

No podemos dar lo que no tenemos. No podemos aceptar a los demás *como son* mientras no nos aceptemos *como somos.*

Cuando estamos hipnotizados por nuestros defectos, buscamos esos mismos defectos en los demás con la esperanza de sentirnos mejor. Y los encontramos, pero no nos sentimos mejor.

Mientras nos concentremos en nuestros defectos, el mundo seguirá castigándonos y nosotros seguiremos castigándonos. Lo hacemos mediante mala salud, pobreza, soledad. Si no nos agradamos a nosotros mismos no podemos agradarle al mundo. Y luego lo culpamos a él.

¿QUÉ SIGNIFICA AMARME?

En su forma más simple, amarte significa perdonarte, admitir que viviste de la mejor manera que pudiste según lo que sabías. Deja de culparte. Olvida la perfección y concéntrate en mejorar.

Perdona tus defectos y automáticamente dejarás de culpar a los demás por esos mismos defectos. La gente a nuestro alrededor refleja lo que somos. Si prestamos atención percibiremos mensajes continuos que nos muestran en qué dirección necesitamos crecer. *La solución siempre está en nosotros.*

Debemos aceptarnos en beneficio de nuestros hijos. Ellos siguen nuestro ejemplo: si nos complicamos la vida, ellos complicarán la suya, ¡y de paso la nuestra!

SABIDURÍA AL MINUTO

Cuando nos perdonamos dejamos de criticar a los demás.

¿Qué significa "amar al prójimo"?

"El amor sana a dos personas: a quien lo da y a quien lo recibe."

KARL MENNINGER

A mi manera de ver, amar al prójimo significa:

⊖ No juzgarlos

⊖ No etiquetarlos

⊖ No esperar nada de ellos

Esta estrategia puede ahorrarnos mucha frustración y desilusión. Tal como la mayoría de los principios espirituales, es también un gran consejo psicológico.

A veces decimos: "Si comprendiera por qué Frank es tan arrogante, tal vez podría amarlo". Cuando nos decidimos a amar a Frank empezamos a comprenderlo. Perdón y amor son una y la misma cosa. Es por eso que resulta fácil amar a los bebés: los consideramos inocentes.

Siempre que elegimos encontrar el amor en una situación estamos dando un gran paso, básicamente porque ¡es imposible amar y guardar resentimiento al mismo tiempo!

SABIDURÍA AL MINUTO

¿Cómo puedes amar a alguien? Sustituye la palabra amor con "aceptación". La aceptación total es el amor incondicional.

La familia
"¿Para qué sirve la familia?"

La familia fue hecha para enseñarnos el amor incondicional. Podemos dejar a los colegas en la oficina y a los amigos en el bar, pero con la familia es diferente. Estamos unidos a estas personas que conocen todas las maneras de desquiciarnos, y debemos aprender a amarlos pese a todo.

En la familia aprendemos a apreciar a las personas sin tener en cuenta su aspecto o lo que pueden hacer por nosotros. Aprendemos a amarlas por lo que son internamente. En la historia *El conejo de terciopelo,* el Caballo de Cuero parece hablar de amor incondicional:

> Ser real no tiene que ver con la manera en que estás hecho; es algo que te ocurre. Cuando un niño te ama mucho, mucho tiempo, no sólo como a un juguete sino cuando EN VERDAD te ama, entonces te vuelves real [...] No ocurre de un momento a otro. Toma mucho tiempo. Por eso no suele ocurrirle a quienes se rompen fácilmente,

tienen bordes afilados o deben guardarse con cuidado. Generalmente, cuando llegas a ser real las demostraciones de amor han tirado casi todo tu pelaje y tus ojos, estás raído y tus articulaciones sueltas. Pero nada de esto importa porque cuando eres real no puedes ser feo, excepto para quienes no comprenden.[4]

Valorar a la familia

¿No es irónico que tratemos mucho mejor a nuestros invitados que a nuestra familia? ¿Alguna vez has recibido desconocidos en tu casa? Pasas dos días arreglando la mesa con tus mejores vajillas y piezas de plata, sirves mariscos, fresas y champaña francesa... ¡y no vuelves a verlos jamás!

A la semana siguiente, mamá y papá van a visitarte, ¡y les das las sobras! ¡Somos más educados con quienes apenas conocemos! Tal vez debamos cambiar eso de vez en cuando y guardar la langosta para mamá y papá.

No fue sino hasta los últimos años de su vida que aprendí a abrazar a mi padre. Como muchos padres e hijos, dejé de abrazar a papá alrededor de los ocho años. Quería ser "hombre". Me llevó otros veinte años descubrir que los hombre *de verdad* pueden mostrar afecto.

Debido a mi profesión, de vez en cuando veo mi rostro en la televisión y los periódicos. He comprobado que los titulares del domingo son la basura del lunes.

Y me pregunto: "¿Qué significo para quienes en verdad me conocen y confían en mí, mi familia y amigos cercanos? ¿Soy confiable, afectuoso y decente?". Eso es lo que importa.

El apoyo a la pareja

Hay dos maneras de llevar una relación: como un equipo o como una lucha.

Fred quedó en llegar a casa a las 6 y tiene ya 2 horas de retraso. Mary está preocupadísima. "¿Qué le habrá pasado a mi Fred?" Finalmente, a las 8:15 cruza por la puerta. Al verlo sano y completo, Mary le grita como diciendo: "Si vas a llegar tan tarde, ¡al menos podrías haber sufrido un accidente!".

Fred empieza a gritar y Mary aplica la temida *ley del hielo:* al poco tiempo dejan de hablarse por completo.

Cuando Mary se va a acostar, encuentra una nota sobre su almohada: "Tengo que llegar temprano a la oficina. Despiértame a las 7". Fred despierta a las 9:30 y encuentra una nota sobre su almohada: "Son las 7 en punto. ¡Despierta!".

Muchas parejas se dedican a ridiculizarse uno a otro.

Puedo recomendar el *trabajo en equipo.* Yo tengo la fortuna de contar con una compañera que me ayuda y alienta siempre. Para cada página que escribo y para todo lo que hago, pido a Julie su consejo. Sin su apoyo, yo no haría lo que hago. Resulta notable la frecuencia con que meseros y azafatas nos preguntan: "¿Están en su luna de miel?". Nosotros lo tomamos como un enorme cumplido.

Si han decidido vivir juntos, apóyense uno al otro. Si no puedes apoyar a tu pareja, es momento de analizar por qué mantienes esa relación.

Amor y temor

Un curso de milagros señala que tenemos principalmente dos estados de ánimo: *amor* y *temor.* Sugiere que el temor es la fuente de nuestras emociones negativas. Es un concepto bellamente simple y una perspectiva útil para analizar nuestros sentimientos:

"Si estoy enojada siento enojo, ¡no temor!", dice Jane. Veamos. Su esposo, Bill, llega a casa oliendo a alcohol y perfume. Jane está muy enojada. Grita, patalea y lanza platos desde la cocina. De hecho, grita porque está *asustada*. Le *asusta* no ser importante para Bill, le *asusta* perderlo y le *asustan* esos cabellos rubios en su chamarra deportiva. *Cuando estamos enojados, estamos asustados.*

A Jim le preocupa su hipoteca. "Pero cuando estoy preocupado", dice Jim, "estoy preocupado". "Preocupado" es otra manera de decir *asustado*, ¿Cómo puedes preocuparte por algo si no sientes temor? *Cuando estamos preocupados, estamos asustados.*

¿Qué me dices de los celos? Los celos son *temor*. Es pensar que eres inferior a otros y temer que ellos estén de acuerdo. *Cuando sentimos celos, estamos asustados.*

Cuando buscamos bajo la ira, celos, preocupación o depresión, siempre hallamos temor. Pero, ¿qué utilidad tiene este concepto sobre amor y temor? Nos permite ser más honestos con nosotros. Descubrimos que lo que en realidad nos molesta no es lo que creemos.

Si quiero eliminar mis temores debo admitir que existen. Mientras diga: "Eres desconsiderada por darme celos", seguiré atascado. Pero si me pregunto: "¿Por qué me asusta que hables con extraños bien parecidos?", empezaré a liberarme. Reconozco *mis temores* en vez de *tus defectos*. Sólo si admito mis temores seré capaz de superarlos.

Admitir nuestros temores nos ayuda a explicar nuestros sentimientos a nuestros seres queridos:

"Querida, la razón por la que me enojé es que tengo miedo. Temo que si compras ese vestido de tres mil dólares no tendremos para comer en un año."

"Te grito cuando llegas tarde porque temo que te haya pasado algo en el camino. Si te perdiera no sabría qué hacer. Me asusto."

Cuando admitimos nuestros temores evitamos culpar a los demás. En esencia, decimos: *"Quiero que sepas que estoy asustado. No digo que sea tu culpa."*

Cuando aceptamos que no necesitamos ser perfectos, y explicamos nuestros sentimientos en relación con nuestros temores, nuestros seres queridos responden. ¡La aceptación de nuestra vulnerabilidad evita las vajillas rotas!

Ten presente también que las demás personas no están molestas por las razones que creen. Si te agreden es porque están asustadas. Si sabes que están asustadas, tú sentirás menos temor.

Tal vez pienses: "Pero si el amor y el temor son las emociones más importantes, ¿no significa eso que muchas personas están asustadas?" ¡Sin duda! Montones de personas están mortalmente asustadas: de hacer el ridículo, de engordar, de perder su empleo, la dignidad o dinero, de ser asaltadas, de envejecer, de estar solas, de vivir y de morir. ¡Por eso actúan como lo hacen!

¿Qué los hace sentir mejor? Ser amados.

10

TÚ MISIÓN EN LA VIDA NO ES CAMBIAR AL MUNDO: ES CAMBIAR TÚ

No hay soluciones externas,
todas son internas.

ANDREW MATHERS

Cuando cambias...
¡No estás solo!

Cuando cambias...

¿Has notado que ciertos días todo mundo intenta asesinarte en la autopista? Cuando sales enojado de tu casa parece que todos quieren sacarte del camino. Cuando sales molesto de la oficina, la gente te agrede en el Metro. También ocurre lo contrario. ¡Qué distinto es el mundo cuando estamos enamorados!

El mundo es un espejo: lo que sientes dentro es lo que ves afuera. Por eso ES IMPOSIBLE CAMBIAR NUESTRA VIDA SI NOS CONCENTRAMOS EN EL EXTERIOR. Si en la calle te cruzas con personas poco amistosas, ¡de nada servirá que cambies de calle! Si en el trabajo nadie te respeta, cambiar de empleo no te ayudará.

Casi todos aprendimos las cosas al revés: "Si no te gusta tu trabajo, déjalo. Si no te gusta tu esposa, déjala". A veces es conveniente cambiar de empleo o de pareja, pero si tú no cambias, estarás preparando el escenario para más de lo mismo.

El capitán Gerald Coffee pasó siete años como prisionero de guerra en Vietnam del Norte. Al reflexionar sobre su cambio de actitud, dijo: "Al principio rezaba por que Dios cambiara mi situación: 'Dios, dame los últimos cinco minutos antes de mi captura e iré a otra parte... Dios, por favor deja que los estadounidenses ganen y me saquen de aquí'."

Cuando estés hasta la coronilla de estar hasta la coronilla, entonces cambiarás.

"Conforme pasó el tiempo, mis oraciones cambiaron. Comencé a rezar por ser una mejor persona, no sólo por sobrevivir sino por beneficiarme de mi experiencia como prisionero de guerra".

Sus oraciones cambiaron de "cambia mi *situación*" a *"cámbiame"*. Había descubierto un principio fundamental, y a partir de él halló un propósito a su condición.

Sea cual sea nuestra situación, estamos en ella porque hay lecciones que debemos aprender. *¡Por eso estamos aquí!* Es absurdo pedir a Dios que cambie nuestra situación. Mientras no cambiemos, ¡seguiremos necesitando esa situación!

Si Mary tiene problemas en su matrimonio, *ella* debe cambiar. "Señor, si haces que mi esposo Fred cambie", reza, "entonces seré feliz". Fred se molesta con Mary y se rehúsa a cambiar. Se divorcian. Al año siguiente, Mary estará diciendo: "Si cambias a Chuck...".

Cuando decimos: "Dios, por favor cambia mi situación y sálvame de la molestia de cambiar yo", demostramos nuestra falta de comprensión. La petición debe ser: "Cámbiame, cambia mis pensamientos acerca de esto". Tan pronto modificamos nuestros pensamientos sobre la situación, la situación cambia.

¿Todo esto te parece ingenuo y *new age*? Míralo desde el punto de vista de la física. Hace 300 años, Newton proclamó que todos los objetos tienen una realidad definida e inmutable. Sin embargo, la física cuántica actual y el principio de incertidumbre de Heisenberg ofrecen un panorama distinto: *¡La naturaleza de una cosa es modificada por su observador!*

¿Qué trascendencia tiene esto en nuestra vida cotidiana? Que la física confirma lo que los maestros espirituales han pensado siempre: que una cosa o situación es transformada por el observador. Cuando cambies tu pensamiento, tu vida cambiará. Arreglar nuestra vida es un trabajo *interno*. No necesitamos esperar a que los demás actúen. Cuando nos movemos, el mundo se mueve. En la medida en que cambies, los actores de tu vida cambiarán... o serán remplazados. Mientras ellos contribuyen a enseñarte tus lecciones, tú contribuyes a enseñarles las suyas.

SABIDURÍA AL MINUTO

En las relaciones: TRABAJA EN TU DESARROLLO Y NO INTENTES CAMBIAR A LOS DEMÁS.

El MUNDO no tiene que cambiar...

¿Alguna vez has salido de casa luego de permanecer semanas en cama? ¿No resulta estimulante ver el cielo, los árboles o incluso el césped? ¿No es maravilloso encontrarte con viejos amigos luego de cinco años de no verlos? La vida se enriquece de repente, pero no porque el mundo haya cambiado. Nosotros cambiamos. La alegría es resultado de una perspectiva nueva.

La felicidad no requiere que consigas algo nuevo sino que abandones algo: esos pensamientos que no te ayudan. Si vas por la vida haciendo inventario de los defectos de la gente, "es demasiado gorda, tiene la nariz muy grande, tiene la boca enorme", nunca te sentirás tranquilo. Tal vez logres una sensación de superioridad, pero lo que estás afirmando es que *el mundo y quienes viven en él están mal.*

Si eliges aceptar a la gente, con sus verrugas y todo, tendrás una percepción totalmente distinta del mundo y de tu lugar en él. Será un gran alivio.

¿Cómo lograrlo? Tienes *preferencias* acerca de con quién convives pero no criticas a todos los demás. Tienes preferencias acerca de tus circunstancias pero no calificas todo como *bueno* o *malo*. Reconoces que tu objetivo último es la tranquilidad, por lo que decides ver las cosas de otra manera.

"Pero mi familia me condicionó a concentrarme en lo negativo", dice Fred. Bien. La madurez es ese momento de nuestras vidas en que asumimos la responsabilidad por nuestros pensamientos y acciones. Ahora que estás a cargo de tu mente, Fred, puedes modificarla.

Busca la belleza en quienes te rodean y hallarás más en ti. VEMOS A LAS PERSONAS NO COMO SON SINO COMO SOMOS NOSOTROS. NUESTRA EXPERIENCIA DEL MUNDO ES, DE HECHO, NUESTRA EXPERIENCIA DE NOSOTROS MISMOS. Si no te gusta lo que ves, culpar al espejo no sirve de nada.

SABIDURÍA AL MINUTO

Acerca de arreglar tu vida: TRABAJA EN TU DESARROLLO Y NO INTENTES CAMBIAR AL MUNDO.

¡No estás solo!

"Cuando conozcas a alguien recuerda que es un encuentro sagrado. Como lo veas te verás a ti mismo. Como lo trates te tratarás a ti mismo. Nunca olvides esto, pues en él te encontrarás o te perderás."

UN CURSO DE MILAGROS

El universo es más milagroso de lo que suponemos. Está planeado de manera tan maravillosa que en todo momento recibimos de quienes están presentes en nuestra vida las lecciones que necesitamos.

Los maestros espirituales enseñaron que todos somos uno, que tu crecimiento es mi crecimiento, que tu dolor es mi dolor.

Enseñaron que en cierto nivel, todos estamos vinculados. No resulta sencillo comprender este concepto, pero explica por qué cuando cambiamos, ¡todos los demás cambian!

Carl Jung dio un nombre al fenómeno por el cual las circunstancias "coinciden con nuestras necesidades". Lo llamó *sincronicidad,* que describió como *la ocurrencia simultánea de dos sucesos conectados significativa pero no causalmente.*

Si aceptamos esta idea de la *sincronicidad:*

- NUESTRA VIDA TIENE UN PROPÓSITO
- CADA SUCESO Y PERSONA EN ELLA TIENE UN PROPÓSITO
- NO NOS SENTIMOS COMO VÍCTIMAS

Piénsalo. Si crearas un universo, ¿no te gustaría dar a la gente la oportunidad de mejorar sus circunstancias al mejorarse a sí mismos, en vez de hacerlos víctimas?

Tal vez digas: "Eso es lo que llamo coordinación perfecta: que seis billones de personas estén siempre en el lugar correcto, en el momento justo, para aprender de las demás las lecciones apropiadas". Impresionante, pero no tanto como la manera en que cooperan billones de células diferentes del cuerpo humano.

Por supuesto, hay razones para rechazar la idea de la sincronicidad y de nuestro vínculo con el todo. Si nos aislamos resulta fácil culpar a los demás. Cuando admitimos que estamos conectados debemos asumir más responsabilidad de nosotros y de los demás.

Pero he notado lo siguiente: las personas más felices y efectivas suelen aceptar el concepto de "unidad". Consideran que cada suceso de su vida es una retroalimentación significativa. Esperan que las circunstancias se sincronicen a su favor. Las

personas de alto rendimiento descartan la idea de que la vida
es una lotería.

¿Estoy eligiendo mi camino o ya está determinado?

¿Qué papel juega el "destino" en nuestra vida? Desde la pers-
pectiva humana podemos pensar en dos opciones: que nosotros
elegimos la dirección de nuestra vida o que ésta ya fue decidi-
da. Creo que ambas cosas pueden ocurrir al mismo tiempo:
estamos siguiendo un camino *y* tomando decisiones propias.
(¿Imposible? Creo que Dios puede arreglar cosas como ésas).
Pero hay algo que podemos observar: los grandes alcanzan la
grandeza mediante el empeño y el esfuerzo diario. Tal vez su
camino estaba determinado, pero no esperaron a que alguien
los llevara en hombros.

CONFORME APRENDEMOS MÁS DE LAS LEYES UNIVERSALES, PASAMOS POR LAS SIGUIENTES FASES:

Paso 1: Carecemos de objetivos. Creemos que la vida es un
juego de azar. Deambulamos sin dirección definida. Es la men-
talidad de víctima.

Paso 2: Trabajamos en nuestros objetivos. Aprendemos a
fijar objetivos. Encontramos que la visualización y la disciplina
producen en combinación resultados extraordinarios. Descu-
brimos que aunque a veces alcanzamos nuestros objetivos, no
sentimos más felicidad.

Paso 3: Trabajamos en nuestro desarrollo. Descubrimos que
podemos esforzarnos al máximo en el presente y dejar que la
vida siga su curso, que a menudo la vida nos ofrece mayores
recompensas de las que imaginábamos. Descubrimos que de-

bemos alcanzar un equilibrio entre trabajo duro y buena coordinación. Encontramos opciones a la desesperación y la frustración. Conforme adquirimos más equilibrio y tranquilidad, nuestra creencia en la lucha es sustituida por un sentido del desafío.

¿Y dónde está el significado?

Para que nuestra vida sea significativa no necesitamos realizar una gran hazaña. Necesitamos buscar el significado en motones de actos modestos y encontrar una conexión entre ellos.

Fred junta al fin un millón de dólares y se pregunta: "¿De qué me sirve?".

Mary asciende en el escalafón de la compañía y dice: "¿Qué significa todo esto?".

Sara da a luz a su bebé pero se siente deprimida.

Juntar un millón de dólares, ser presidente de una compañía o ser madre no significan nada en sí mismos. El significado está en el presente. Estar "ahí" no es mejor que estar "aquí". Si quieres encontrar significado, presta atención al momento: es ahí donde encontrarás las recompensas.

Notas

1. *Come from the Heart*, letra y música de Susana Clark y Richard Leigh. Copyright © 1987 EMI April Music./ GSC Music/Lion Hearted Music Inc.

2. Black, Dean, *The Frogship Perspective,* 1992, Tapestry Communications, pp. 16-17, 117-118.

3. Chopra, Deepak, *Quantum Healing,* Bantam Books, Nueva York, 1989, pp. 193-194.

4. Williams, Margery, *The Velveteen Rabbit,* Harper Collins, Sydney, 1922.

Esta obra se terminó de imprimir en junio de 2011
en los talleres de Litográfica Ingramex, S.A. de C.V.
Centeno 162-1, Col. Granjas Esmeralda,
C.P. 09810, México, D.F.